JN285005

汲古選書　42

竹簡が語る古代中国思想

―上博楚簡研究―

浅野裕一　編

まえがき

一九七〇年代以降、中国では古代文献の出土が相次いでいる。一九七二年の銀雀山《ぎんじゃくざん》漢簡の発見、一九七三年の馬王堆《まおうたい》帛書の発見、一九七五年の雲夢《うんぼう》秦簡の発見などがその代表的なものである。だが古代思想史研究の上で特に重要な意味を持つのは、一九九三年十月に湖北省荊門《けいもん》市郭店《かくてん》の一号楚墓から発掘された郭店楚簡《かくてんそかん》と、一九九四年に上海博物館が香港の骨董市場から購入した上博楚簡《しゃんはくそかん》であろう。

この二種類の戦国楚簡は、戦国中期（前三四二年～前二八二年）の後半、前三〇〇年前後の写本と推定されており、先秦の文献だと伝承されてきた書物が、本当に先秦に成立したのか、それとも秦・漢以降の成立なのかを判断する上で、貴重な手掛かりを提供する。

また、あるパターンの思想が戦国中期以前にすでに成立していたのか、それとも秦・漢以降に成立したのかを判断する上でも、有力な手掛かりを提供する。したがって郭店楚簡と上博楚簡の発見は、これまでの古代中国思想史を大きく書き替える可能性を秘めているのである。

本書は上博楚簡に関する論考のみを収録するが、郭店楚簡に関連する内容をも含むので、まず郭店楚簡について簡略に説明して置こう。湖北省荊門市博物館は、二度にわたる盗掘の被害を受けたのち、一九九三年十月に湖北省荊門市郭店の一号楚墓に対して、緊急の発掘調査を実施した。

その結果、人骨や楽器・鏡・櫛・耳杯など多くの副葬品とともに、薪束のように固まった状態で八〇〇余枚の竹簡が出土し、その中の七三〇枚に文字が記されていたが、その文字はいわゆる先秦の古文であった。郭店一号楚墓は、春秋・戦国時代の楚の都・郢《えい》（紀南城）の北方9㎞のところにあり、辺り一帯は楚の貴族の墓陵地だった場所で、多くの墓が密集している。そこで郭店一号楚墓の墓主も、楚の貴族だったと推定できるのだが、副葬品の中に墓主や下葬年代を特定できる直接的手掛かりは発見できなかった。

しかし中国の考古学者は、さまざまな副葬品の様式変化に基づく編年から、その造営時期を戦国中期（前三四二～前二八二年）の後半、前三〇〇年頃と推定した。この推定は、一九八六年から一九八七年にかけて発掘調査され、副葬品の紀年資料から前三一六年の造営であることが確認された湖北省荊門市の包山二号楚墓を始め、江陵周辺の多くの楚墓から出土した副葬品の分析から得られた編年によるものである。このような豊富な資料を用いた考古学的編年に依拠した年代比定は、大筋で動かないと見るべきであろう。また郭店一号楚墓が位置する楚の墓陵地に関しては、『史記』に次のような記載がある。

其の明年楚を攻め、郢を抜きて夷陵を焼く。遂に東のかた竟陵に至る。楚王は亡《に》げて郢を去り、東に走りて陳に徙《うつ》る。秦は郢を以て南郡と為す。（白起王翦列伝）

中国の研究者はこの『史記』の記述を踏まえ、前二七八年、秦の将軍・白起が楚都・郢を占領した時点で、楚の貴族集団は紀南城を放棄して東北の陳に遷都し、紀南城周辺の墓陵地もまた放棄されて、以後南郡として秦の直轄支配を受けたこの地に貴族の墓が造営されることはなかったとする。こうした歴史的経緯を踏まえるならば、郭店一号楚墓の造営時期の下限は前二七八年であり、下葬時期をそれ以降に引き下げることは、物理的に全く不可能となる。

出土した竹簡は、荊州市博物館や荊門市博物館の研究者の手によって解読・整理され、写真と釈文を収めた『郭店楚墓竹簡』が一九九八年五月に文物出版社から刊行された。それによれば竹簡は、竹簡の両端が平斉であるか梯形であるか、竹簡を繋いでいた編綫の数が両道であるか三道であるかといった形状の相違や、寸法の差異など簡式上の特色や、書体の差異、及び内容などから、次の十六種の文献に分類・整理されている。

（1）『老子』甲・乙・丙（2）『太一生水』（3）『緇衣』（4）『魯穆公問子思』（5）『窮達以時』（6）『五行』（7）『唐虞之道』（8）『忠信之道』（9）『成之聞之』（10）『尊徳義』（11）『性自命出』（12）『六徳』（13）『語叢』一（14）『語叢』二（15）『語叢』三（16）『語叢』四

この中、（1）と（2）は道家系統の著作、（3）から（12）の十篇は儒家系統の著作、（13）から（16）は短文から成る教育用の格言集だと考えられる。また（1）の『老子』甲・乙・丙は、完本を節録した三種類の抄本だと思われる。

この郭店楚簡の発見は、戦国時代の墓から思想関係の文献が出土した初めての例であり、その意味で画期的な意義を持つ。郭店楚簡は、戦国中期、前三〇〇年頃の楚墓からの出土であるため、その中に成立時期をめぐって論争が重ねられてきた書物が含まれていたり、その書名が記されていたりすれば、その書物が先秦の古書であることが確定するとともに、成書年代が前三〇〇年頃より前であることもまた確定する。郭店楚簡が持つ最大の意義はまさしくこの点にある。

次に本書が扱っている上博楚簡について解説する。一九九四年に上海博物館は香港の骨董市場から一二〇〇余枚の戦国楚簡を購入した。この上博楚簡はフリーズドライの方法で三年かけて保存処理されたのち、一九九七年から解読と整理が進められた。最初にこの発見を報じた一九九九年一月五日付けの「文匯報」は、この戦国楚簡の総字数は約三五〇〇〇字で、儒家・道家・兵家・雑家などの文献八十数種にわたり、その大半は後世に伝わらなかった佚書だと記す。また八十数種の文献の中には、『易経』『詩論』『緇衣』『子羔』『孔子閒居』『彭祖』『楽礼』『曾子』『武王践阼』『賦』『子路』『恆先』『曹沫之陳』『夫子答史籀問』『四帝二王』『曾子立孝』『顔淵』『楽書』などが含まれていると報じた。

このうち『孔子詩論』『緇衣』『性情論』など三篇を収めた『上海博物館蔵戦国楚竹書（一）』が二〇〇一年十一月に、『民之父母』『子羔』『魯邦大旱』『従政（甲篇・乙篇）』『昔者君老』『容成氏』など六篇を収めた（二）が二〇〇二年十二月に、『周易』『仲弓』『恆先』『彭祖』など四篇を収めた（三）が二〇〇三年十二月に刊行された。

また『采風曲目』『逸詩』『昭王毀室・昭王與龔之脽』『柬大王泊旱』『内礼』『相邦之道』『曹沫之陳』など七篇を収めた（四）が近く刊行されるとのことで、この上博楚簡の報告書は、今後第五分冊と第六分冊を刊行して、全六冊で完了する予定である。

上博楚簡は盗掘品であるため出土地点は不明で、副葬された時期もはっきりしない。そこで中国科学院上海原子核研究所において、炭素14を用いた年代測定が行われた。その測定結果は二二五七±六五年前で、一九五〇年が国際定点であるから、上博楚簡は前三〇八±六五年、つまり前三七三年から前二四三年の間の書写となる。また出土地点に関して、『上海博物館蔵戦国楚竹書（一）』前言は、湖北省からの出土とする話を紹介し、郭店一号楚墓から盗掘された可能性を示唆する。さらに副葬時期についても、竹簡や字体の分析、郭店楚簡との比較から、楚が秦の攻撃を受けて郢から陳に遷都する前二七八年以前と推定している。とすれば上博楚簡の書写年代は、前三七三年から前二七八年の間となる。

いまだ全容が公開されてはいないのではあるが、ここで上博楚簡が持つ意義について紹介してみよう。『上海博物館蔵戦国楚竹書（二）』に収録された『民之父母』は、『礼記《らいき》』孔子閒居篇と内容が重なるが、冒頭の「孔子閒居」の句がないため、整理者が『民之父母』と命名したのである。また『上海博物館蔵戦国楚竹書（一）』が収録する『緇衣《しい》』は、郭店楚簡に含まれていた『緇衣』と同じく、『礼記』緇衣篇と重なる文献である。したがって『礼記』中の二篇が、戦国中期の楚墓から出土したことになる。

さらにまだ写真や釈文は公開されていないが、上博楚簡中には『武王践阼《ぶおうせんそ》』と『曾子立孝』の両篇が含まれている。この両篇は、『大戴礼記《だたいらいき》』の武王践阼篇・曾子立孝篇と基本的に重なる文献である。そもそも『礼記』と『大戴礼記』は、前漢武帝の頃に河間の献王が収集した「礼記」、『漢書』芸文志が記す「記百三十一篇」に由来する。したがって、「献王の得る所の書は、皆古文先秦の旧書にして、周官・尚書・

礼・礼記・孟子・老子の属あり」とする『漢書』河間献王伝を信ずれば、『礼記』も『大戴礼記』も「古文先秦の旧書」だったことになる。

だが疑古の風潮は、この古伝承にも疑惑のまなざしを向けた。武内義雄「儒学史資料として見たる両戴記」（一九二六年）は、『礼記』の孔子間居篇と仲尼燕居篇、『大戴礼記』の王言篇は、『韓詩外伝』に似ているので漢初の成立だろうと推測した。しかるに前三七三年から前二七八年の間の書写とされる上博楚簡の中に『民之父母』が含まれていたことによって、武内説は物理的に成り立たないことが実証された。

これまでは『礼記』と『大戴礼記』については、『漢書』河間献王伝を始めとする古伝承を疑って、大学篇や中庸篇を含む大半の篇を漢初の成立と考えるのが通説であった。しかし『礼記』中の二篇と『大戴礼記』中の二篇が戦国中期の楚墓から出土したことにより、逆に『礼記』と『大戴礼記』の大部分が先秦の古書である可能性が高くなってきている。

上博楚簡が持つ意義としては、さらに『易』の発見を挙げる必要があろう。『易』が儒家の経典となった時期を、疑古派や釈古派は秦漢の際以降もしくは漢に入ってからと考えてきたのだが、詩・書・礼・楽・易・春秋の書名を記す郭店楚簡『六徳』や『語叢』一の発見によって、そうした説は崩壊してしまった。郭店一号楚墓の造営時期は前三〇〇年頃と推定されているが、墓主がそれらの書籍を入手したのは、当然下葬の年代を遡る。副葬品の中に君主から高齢者に下賜される鳩杖が二本含まれていたことから、墓主は七十歳を越す老齢で死亡したと推定される。もし墓主が三十歳の頃にこれらの書籍を入手していたと仮定すれば、その時期は前三四〇年頃となる。

もとよりそれは、転写を重ねた多くの写本の中の一本であって、原著ではないから、原著の成書年代は郭店写本の書写年代をさらに遡る。一般に原著が成立した後、転写を重ねて写本が各地に流布するまでには、相当の期間を見込む必要があるから、その幅はどんなに短く見積もっても、十年か二十年は遡らせなければならぬであろう。

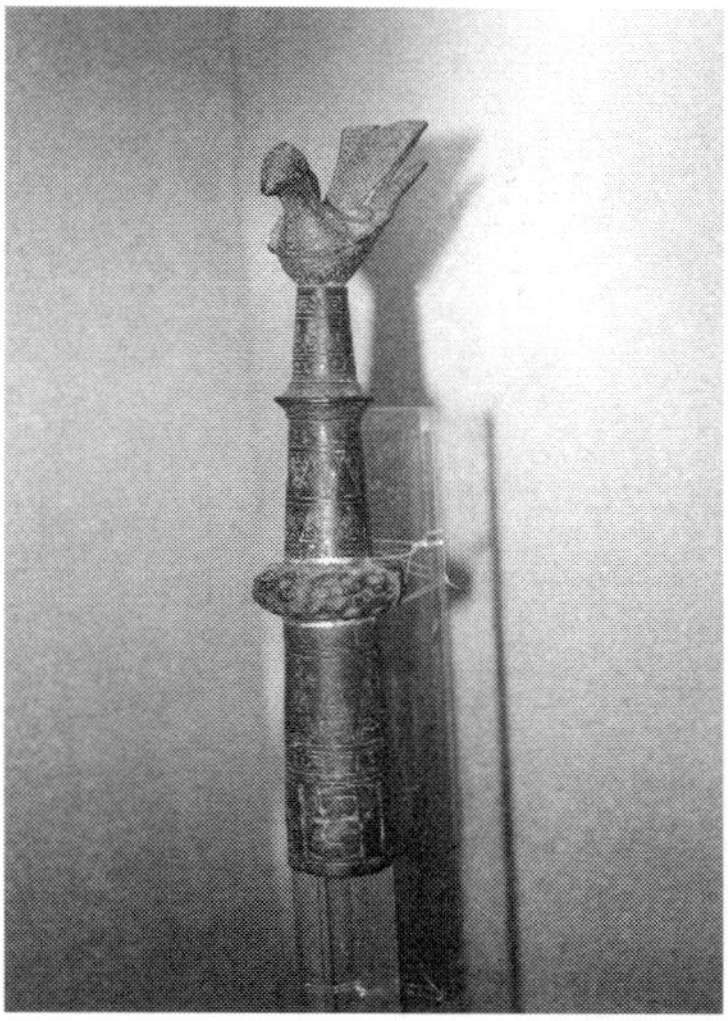

鳩　杖

前記の仮定を採用した上で、さらに十年遡らせるとすれば、『六徳』や『語叢』一の成書年代は前三五〇年頃となる。しかも『六徳』や『語叢』一は、儒家がすでに『易』を経典視していた状況を踏まえて記述されている。してみれば両者が成書化される以前から、儒家は『易』を経典視していたと考えなければならない。この間の幅をできるだけ短く想定して、仮に十年とすれば、儒家が『易』を経典視し始めたのは、前三六〇年頃となる。

そして存在しない書物を経典視することは不可能であるから、『易』は当然それ以前に成立していたとしなければならない。上博楚簡の中に『易』が五十八簡、三十五卦分含まれていたことは、それを具体的に裏付ける物証となる。

上博楚簡の『易』は、簡頭から卦画・卦名・卦辞・爻辞が連続する構成を示しており、その文章は現在伝わる『易』のテキストと基本的に一致する。『易』の卦名は戦国中期以前にはまだ存在していなかったとか、卦辞・爻辞などが作られたのは戦国中期末以降だとする考えも最近提出されていたが、上博楚簡の『易』の発見によって、戦国中期以前、戦国前期（前四〇三〜前三四三年）には卦画・卦名・卦辞・爻辞が連続する構成を持つ『易』が存在していた状況が明確になったのである。しかも上博楚簡の『易』には、六十四卦の配列に数理哲学的な考察を加え、筮占に応用したことを示す特殊な符号が付いている。こうした現象は、戦国中期以前から『易』を用いた筮占が、すでに長期に亙って継続していた状況を物語る。

この他にも、上博楚簡は多くの影響を中国思想史にもたらす。戦国期には儒家の経典は、「孔子老聃に謂いて曰く、丘は詩・書・礼・楽・易・春秋の六経を治め、自ら以て久しと為す」とか、「夫れ六経は先王の陳迹《ちんせき》なり」（『荘子』天運篇）と、詩・書・礼・楽・易・春秋の六経であった。ところがその後に楽経が失われ、漢代には五経となってしまう。

そのため楽経の内容は、これまで全く謎に包まれていた。だが今回発見された上博楚簡の中には『楽礼』『楽書』といった音楽に関する文献が存在している。もしこれが失われて久しい楽経なのであれば、楽経の研究は一挙に進展することになる。

さらに上博楚簡『恆先』には、宇宙の始原である「恆」の世界と、「気」によって構成される「或」の世界とを対比させる、独特の宇宙生成論が説かれている。「太一」を宇宙の始原とする宇宙生成論を説く郭店楚簡『太一生水』や、上博楚簡『恆先』の発見によって、道家思想の起源を探る研究は、今や全く新しい段階を迎えている。

今まで紹介してきたように郭店楚簡と上博楚簡の発見は、これまで疑古派や釈古派が組み立ててきた思想史の枠組みを、根柢から揺るがした。今後上博楚簡の全容が明らかになれば、従来の通説・定説は、より大規模に、より徹底的に破壊されるであろう。

それでは最後に、本書の構成について若干の説明を加えて置きたい。本書は十章より成るが、第一章から第八章までは儒家系文献を、第九章と第十章は道家系文献を扱っている。

第一章で取り上げた『容成氏』は、古代帝王から堯・舜・禹・湯・文・武に至る王朝交替の歴史を記録した珍しい文献である。第一章はそこに見える禅譲と放伐に対する評価を探る方法により、『容成氏』の作者の思想的立場を明らかにしようとしたものである。また第二章は、『容成氏』が身体障害者に対する施策の充実を、理想的統治が行われていたか否かを計る指標としていることの意味を探るものである。

第三章では、政治に従事する者の心構えを説く『従政』について、竹簡の排列や分節といったテキスト上の諸問題を整理して、最も妥当と考えられるテキストの形を提示したものである。続く第四章はそれを受けて『従政』の思想的内容を検討し、その儒家思想における意味を考察したものである。

第五章は、『子羔』の内容や構成の検討を通じて、それが他の諸篇とともに同一の冊書とされていた可能性を指摘したものである。また第六章は、『中弓』に登場する孔子と仲弓の問答と、『論語』子路篇「仲弓、季氏の宰と為る」章との比較を行い、『論語』から『中弓』へと説話の内容が変化して行くことの意味を検討したものである。

第七章と第八章では『魯邦大旱』を扱う。まず第六章では、そこに見える「名」字の意味を考え、竹簡に記される「名」字が、神事を表す「明」字の意味で使用されているのではないかとの結論を提示した。続く第八章では、『魯邦大旱』に登場する刑徳論の内容を考察している。

第九章と第十章は、新出の道家系文献である『恆先』を取り上げている。まず第九章では『恆先』全体の解釈を示した上で、『老子』や『太一生水』との比較を通して、その道家思想としての特色を考察している。続く第十章は、『恆先』の宇宙生成論に見える気の思想に焦点を当て、その思想史上の意味を探ったものである。

本書の執筆者四名は、一九九八年に結成され、現在浅野裕一・湯浅邦弘・福田哲之・竹田健二・菅本大二・辛賢の六名が参加する戦国楚簡研究会の会員である。前述したように上博楚簡は、内容の公開が現在も進行中の新出文献である。新しい分冊が刊行されるや否や、ネット上にはたちまち多数の論文が掲載される状況で、その意味では最も先端を行く白熱した研究分野と言うことができる。そこで我々戦国楚簡研究会でも、一般の方々に日本における最先端の研究状況を知って頂きたいと考え、本書の出版を企画した次第である。我々の提案を快諾して頂いた汲古書院の石坂叡志代表取締役には、当会を代表して深甚なる謝意を表したい。

我々戦国楚簡研究会のメンバーは、二〇〇一年八月と二〇〇二年八月の二度、上海博物館を訪れ、香港の骨董市場から戦国楚簡を購入し、整理と解読の作業を進めていた前館長の馬承源先生を始め、陳佩芬・濮茅左・姚俊の各氏と懇談し、上博楚簡の現物を見せて頂いたり、多くの情報を提供して頂いたりした。

私は二〇〇四年八月下旬にも、北京の清華大学で李学勤先生や廖名春先生にお目にかかったのち、久保由布子さん（東北大学院生）を伴って上海博物館を訪れた。事前に連絡を入れたところ、馬承源先生は最近極めて体調が悪く、今回は面会できないかも知れないとのことであった。拙著をお届けに上がるだけですから、お目にかかれなくても伺いますと答えて博物館を訪れたのだが、馬承源先生は日本からわざわざ友人が来るのだからと、病院を抜け出して、陳佩芬氏や姚俊氏とともに我々を出迎えてくださった。以前お目にかかった時に比べると、確かにひどくおやつれの御様子である。出版されたばかりの『諸子百家〈再発見〉』（浅野裕一・湯浅邦弘編・岩波書店）を献呈し、五分ほどお話ししたのち、お体に障ってはいけませんからと、早々に退出した。

上海博物館から馬承源先生の訃報が届いたのは、それから一か月後のことであった。九月二十五日に逝去されたとの文面は、私に深い衝撃を与えた。温和な笑顔で我々一行を歓迎し、懇切に我々の質問に答えて下さった光景を思い浮かべ、お悔みの手紙をしたためながら、一晩中涙が止まらなかった。

私は今、戦国楚簡の研究を続けることこそが、馬承源先生の数々のご温情に報いる途であると、決意を新たにしている。

二〇〇四年十一月十日

戦国楚簡研究会代表　浅野裕一

目次

竹簡が語る古代中国思想

——上博楚簡研究——

このささやかな書物を故馬承源先生に捧ぐ

第一章　『容成氏』における禅譲と放伐

浅野裕一

一　『容成氏』の全体構成

一九九四年に上海博物館は香港の骨董市場から一二〇〇余枚の戦国楚簡を購入した。この上博楚簡は三年かけて保存処理されたのち、一九九七年から解読と整理が進められ、二〇〇一年に『上海博物館蔵戦国楚竹書（一）』が、二〇〇二年には『上海博物館蔵戦国楚竹書（二）』が刊行された。

上博楚簡は盗掘品であるため出土地点は不明で、副葬された時期もはっきりしない。そこで中国科学院上海原子核研究所において、炭素14を用いた年代測定が行われた。その測定結果は二二五七±六五年前で、一九五〇年が国際定点であるから、上博楚簡は前三〇八±六五年、つまり前三七三年から前二四三年の間の書写となる。(1)また出土地点に関して、『上海博物館蔵戦国楚竹書（一）』前言は、湖北省からの出土とする話を紹介し、郭店一号楚墓から盗掘された可能性を示唆する。さらに副葬時期についても、竹簡や字体の分析、郭店楚簡との比較から、楚が秦の攻撃を受けて郢から陳に遷都する前二七八年以前と推定している。とすれば上博楚簡の書写年代は、前三七三年から前二七八年の間となる。『上海博物館蔵戦国楚竹書（二）』には、古代帝王の事跡を記す『容成氏』が収録されている。竹簡は五三枚で、そのうち三七枚が完全簡、七枚が上端残欠、三枚が下端残欠、二枚が中間残欠、四枚が中折ではあるが文字に欠損のない簡となっている。文意が接続しない箇所が複数存在することから、数枚の脱簡があると推定される。第五三簡の背に「訟成氏」と篇題を記す。解読と整理を担当した李零氏は、内容から判断するに、これは『莊子』胠篋篇で最古の帝王とされる容成氏を指すと解し、篇名を『容成氏』としている。

『容成氏』は、『莊子』胠篋篇や『太平御覧』巻七六所引の『六韜』佚文、『周易正義』繋辞下所引の『帝王世紀』に類する古代帝王の系譜から始まる。次にその部分を示す[2]。

……【尊】盧氏・赫胥氏・喬結氏・蒼頡氏・軒轅氏・神農氏・韋~氏・膚畢氏之有天下、皆不授其子而授賢。其德猶（悠）清、而上愛下、而一其志、而寝其兵、而官其材。

このように第一簡の冒頭は「【尊】盧氏」から始まるが、「訟成氏」なる篇題は首簡冒頭の三字を採ったと考えられるので、本来は容成氏から始まる冒頭簡があったと推測される。そこで参考までに、『莊子』胠篋篇と『六韜』佚文が記す古代帝王の系譜を以下に掲げてみる。

郵便はがき

料金受取人払

麹町局承認

7033

差出有効期間
平成17年11月
30日まで
（切手不要）

1028790

102

東京都千代田区
飯田橋二―五―四

汲古書院

行

通信欄

購入者カード

このたびは本書をお買い求め下さりありがとうございました。今後の出版の資料と、刊行ご案内のためおそれ入りますが、下記ご記入の上、折り返しお送り下さるようお願いいたします。

書　名
ご芳名
ご住所 ＴＥＬ　〒
ご勤務先
ご購入方法　①　直接　②　書店経由
本書についてのご意見をお寄せ下さい
今後どんなものをご希望ですか

昔者容成氏・大庭氏・伯皇氏・中央氏・栗陸氏・驪畜氏・軒轅氏・赫胥氏・尊盧氏・祝融氏・伏犧氏・神農氏。當是時也、民結縄而用之、甘其食、美其服、樂其俗、安其居、鄰國相望、雞狗之音相聞、民至老死而不相往來。若此之時、則至治已。

（『莊子』胠篋篇）

昔柏皇氏・栗陸氏・驪連氏・軒轅氏・赫胥氏・尊盧氏・祝融氏、此古之王者也。未使民民化、未賞民民勸。此皆古之善爲政者也。至於伏犧氏・神農氏、教民而不誅。黄帝・堯・舜、誅而不怒。古之不變者。有苗有之、堯化而取之。堯德舜、化而受之。舜德禹、化而取之。

（『太平御覽』巻七六所引の『六韜』佚文）

これら三者を比較すると、それぞれが収録する古代帝王の名称や先後関係には、多少の相違が見られる。戦国期には少しづつ異なる古代帝王の系譜が数多く作製されたと思われ、『容成氏』が記す系譜もその一つであろう。

容成氏

『容成氏』も『莊子』胠篋篇も『六韜』佚文も、時代を遡るほど理想的統治が行われていたとする尚古思想を説く。この点で三者は大きな共通性を持つが、「皆不授其子而授賢」と、上古の時代には血縁相続を排除して賢者への禅讓が行われていたことを強調する点に、『容成氏』の特色がある。したがって禅讓こそが、『容成氏』が理想とした王朝交替の形だったと考えられる。

次に『容成氏』は、ある君主の治世を叙述して、「不賞不罰、不刑不殺。邦無飢人、道路無殤死者。上下貴賤、各得其世」と賛美するが、竹簡が欠損していて、誰の治世を指すのか判然としない。李零氏は堯・舜の前に位置する帝嚳ではないかと推測している。

続いて『容成氏』は、堯の治世、堯から舜への禅譲の経緯、舜の治世、舜から禹への禅譲の経緯、禹の治世、殷の湯王が夏の桀王を放伐した経緯、周の武王が殷の紂王を排除した経緯などを記す。このように『容成氏』は、(1)上古の帝王の系譜、(2)帝嚳と思しき帝王の治世、(3)堯の治世、(4)堯から舜への禅譲の経緯、(5)舜の治世、(6)舜から禹への禅譲の経緯、(7)禹の治世、(8)殷の湯王が夏の桀王を放伐した経緯、(9)周の武王が殷の紂王を排除した経緯の九つの部分で構成されている。

二　『容成氏』における禅譲

『容成氏』は血縁相続を否定して禅譲を理想とするが、次にその様相を具体的に見ていくことにしよう。帝嚳と推定される帝王は、「匡天下之政、十有九年而王天下。三十有七年而泯終」と、在位三七年にして没する。『容成氏』はその後を承けて、堯の時代の叙述に移行する。以下に堯が天子に即位する経緯を示してみる。

昔堯處於丹府與藋陵之間。堯賤施而時時賞、不勸而民力、不刑殺而無盜賊、甚緩而民服。於是乎方百里之中率、天下之人就、奉而立之、以爲天子。於是乎方圓千里。立板正位、四向陳、和懷以來天下之民。其政治而不賞、官而不爵、無勵於民、而治亂不倦。故曰、賢及……堯是以視賢。履地戴天、篤義與信、會在天地之間、而包在四海之内、畢能其事、而立爲天子。堯爲之教曰、自入焉、余穴窺焉、以求賢者而讓焉。堯以天下讓於賢者、天下之賢者莫之能受也。萬邦之君皆以其邦讓於賢……賢者。而賢者莫之能受也。於是乎天下之人、以堯爲善興賢、而卒立之。

堯は帝嚳と思しき帝王の時代には、丹府と藋陵の間に封国を持つ一諸侯であった。善政を施して治績を上げた結果、前王の死後、天下の人々に推戴されて天子の位に就いた。だが堯は、広い天下には自分よりも天子にふさわしい人物がいるかもしれないとして、禅譲すべき賢者を探し出そうとする。

まず堯は「履地戴天、篤義與信、會在天地之間、而包在四海之内」との賢者の要件を示す。その上で、「畢能其事、而立爲天子」と、賢者の要件をすべて満たした者に天子の位を譲ると宣言し、「自入焉、余穴窺焉、以求賢者而讓焉」と、天下中に禅譲すべき賢者を公募する。応募者の行状を密かに観察し、賢者の要件すべてを満たす賢者だと確認したのちに、彼に禅譲するというのである。ところが「堯以天下讓於賢者、天下之賢者莫之能受也」と、密かに行状を観察した結果、応募者の中には誰一人として適格者がいなかったという。このように、堯が禅譲すべき賢者を天下に公募し、自ら応募者の行状を観察して、全員を不適格と判定したとするのは、伝世の文献には見られなかった新しい要素である。

天下の人々は、禅譲すべき賢者を探し出せなかった堯を、賢者を尊ぶ人物だと認めて改めて天子に推戴する。これが堯が天子となった経緯である。これまで知られていた堯・舜の禅譲伝承では、とかく舜の側にのみ記述が集中し、堯は単に舜に禅譲する役割でのみ、唐突に登場するに過ぎなかった(3)。こうした現象は、堯の出自が極めて説明困難なものであった状況の反映であろう。これに比べると『容成氏』の堯に関する記述は、格段に具体性を帯びている。ただし、堯が父祖の代から諸侯の地位を相続していたのか、それとも前王に封建されて自分の代に初めて諸侯となったのかは、はっきりしない。堯の出自について詳細に記述することには、やはり相当困難な事情が存在していたのであろう。

堯の出自が不鮮明なのと同様に、前王から堯に王位が移る経緯についても、判然としない面が残されている。『容成氏』は前王に息子がいたのかどうかについては、全く触れようとしない。また前王が堯に禅譲の意思を表明したとは、一切言わない。とすれば前王から堯への王朝交替は、血縁相続でもなければ、簒奪や放伐でもなく、禅譲でもなかったことになる。堯以後の禅譲の事例では、すべて息子の存在に言及することを考慮すれば、前王には息子がなく、その死に伴って天子不在の空白状況が生じたとされているのであろう。そうであれば堯の即位は、もとより血縁や武力によるものではなく、諸侯として治績を上げたとの能力・実績によるものであるから、広い意味では、天下で最も有徳な人物に王位を譲るとの禅譲方式の一種だと言えなくもない。しかも堯は、自分よりも天子にふさわしい人物がいれば禅譲すると宣言し、禅譲すべき賢者を公募して果たせなかった結果、最終的に天子の位に就いたのであるから、やはりこれは禅譲路線の事例に含まれるであろう。

『容成氏』は、堯の治世については上述のような簡略な記述で済ませ、すぐに舜への禅讓へと話題を転換する。従前の禅譲説話に比べれば、堯に関する記述はかなり詳細ではあるが、やはり『容成氏』においても、堯は舜に禅譲する者としての性格に重点が置かれていると言えよう。『容成氏』は、舜の出自と禅讓の様子を次のように叙述する。

昔舜耕於鬲丘、陶於河濵、漁於雷澤。孝養父母、以善其親、乃及邦子。堯聞之、而美其行。堯於是乎爲十有五乘、以三從舜於甽畝之中。舜於是乎始免刈𨙸耨鍤、謁而坐之、子堯南面、舜北面。舜於是乎始語堯天地人民之道。與之言政、悅簡以行、與之言樂、悅和以長、與之言禮、悅博以不逆。堯乃悅。堯……【堯乃老、視不明】、聽不聰。堯有子九人、不以其子爲後。見舜之賢也、而欲以爲後。

舜は鬲丘の麓で耕作し、黄河のほとりで陶器を作り、雷沢で魚を取る貧しい生活であったが、父母に孝養を尽くし、その感化は親族の子弟や国中の子弟にまで及んだ。その評判を聞きつけた堯は、十五乗の車列を組み、三度も田野に耕作中の舜を探索した。こうして生活のための労働を免れた舜は堯に拝謁した。堯は天子として南面し、舜は臣下として北面する。そこで舜は堯に対し、常日頃考えていた天地・人民の在るべき道を語る。堯が舜と政治を語れば、それは誠を尊ぶやり方で行いやすく、音楽を語れば、調和を尊ぶやり方で恒常的な教化の手段にでき、礼を語れば、広い分野で秩序が維持できるというものだったので、堯は大いに満足して帰った。その後、堯は老衰を迎える。堯には九人もの息子がいたが、堯は血縁によってわが子に王位を継がせようとはせず、舜が賢者なのを見て、舜を天子に立てたという。

次に『容成氏』は、舜の治世について述べる。『上海博物館蔵戦国楚竹書（二）』の排列では、舜の治績を記す部分を第十五簡から第十七簡までとしているが、舜の治世がわずかに三簡分の記述で終了するのは、少なすぎるであろう。第二三簡から第二八簡前半の禹の治水事業に関する部分、及び第二八簡後半から第三〇簡の后稷が農業振興に従事したり、皐陶が訟獄を治めたり、質（夔）が音律を定めたりする部分は、いずれも彼等が舜の臣下だった時期の事跡であるから、本来は堯から舜への禅譲を記す第十五簡の後に位置していた可能性が高いであろう(4)。

『容成氏』は舜の治世について述べたのち、舜が禹に禅譲した経緯を記す。以下にその部分を示してみる。

當是時也、癘疫不至、妖祥不行、禍災去亡、禽獸肥大、草木蓁長。昔者天地之佐舜而佑善、如是狀也。舜乃老、視不明、聽不聰。舜有子七人、不以其子爲後。見禹之賢也、而欲以爲後。禹乃五讓以天下之賢者、不得已、然後敢受之。

『容成氏』は「昔者天地之佐舜而佑善、如是狀也」と舜の治績を称賛したのち、舜には七人の息子がいたが、血縁によって王位を継がせようとはせず、禹が賢者なのをみて彼に王位を譲ろうとしたと述べる。禹は、天下には自分よりもふさわしい賢者がいるとして、五度も辞退したが、断りきれずに引き受ける。こうして禹の天下統治が開始されるが、『容成氏』はその様子を次のように叙述する。

禹聽政三年、不製革、不刃金、不略矢、田無察、宅不工、關市無賦。禹乃因山陵平濕之可封邑者、而繁實之。乃因邇以知遠、去苛而行簡、因民之欲、會天地之利矣。是以近者悅治、而遠者自至、四海之内、及四海之外、皆請貢。禹然後始爲之號旗、以辨其左右、思民毋惑。東方之旗以日、西方之旗以月、南方之旗以蛇、中正之旗以熊、北方之旗以鳥。禹然後始行以儉。衣不褺美、食不重味、朝不車逆、舂不毇米、宰不折骨、……

禹は即位後三年の間、兵器の製造を中止し、田野では収穫量に目を光らせたりせず、都邑では宮殿の増築工事を行わず、関所や市場の賦税を免除し、山陵や低湿地で城邑建設が可能な場所を探し出して、地方に都市を建設するといった施策を行い、苛細な制度を廃止して行政を簡略化した。その結果、四海の内はもとより、四海の外までも、皆朝貢を願い出てくる。これを見届けた上で、禹は中央と東西南北を表示する号旗を作り、天下の方面を確定する。これを達成したのち、禹は節倹政策を打ち出し、率先して倹約を実行する。このように禹の治績を叙述したのち、『容成氏』は禹が禅譲しようとした経緯を記す。

禹有子五人、不以其子爲後。見臯陶之賢也、而欲以爲後。臯陶乃五讓以天下之賢者、遂稱疾不出而死。禹於是乎讓益。啓於是乎攻益自取。

禹には五人の息子がいたが、血縁によって王位を継がせようとはせず、臣下の皐陶が賢者なのを見て彼に王位を譲ろうとする。ところが皐陶は五度も固辞し、ついには病だと称して引きこもったまま死亡してしまう。そこで禹は、臣下の伯益に王位を禅譲する。だが禹の息子の啓はこれに不満を抱き、伯益を攻めて武力で王位を簒奪し、自ら即位する。

『孟子』万章上篇では、「禹薦益於天七年。禹崩。三年之喪畢。益避禹之子於箕山之陰。朝覲訟獄者、不之益而之啓曰、吾君之子也。謳歌者、不謳歌益而謳歌啓曰、吾君之子也」と、伯益が啓に遠慮して隠棲し、天下の人心も啓に帰したので、啓が即位することになったと説明する。『史記』五帝本紀の説明も、ほぼこれと同じである。啓が武力を用いて伯益から王位を奪い取ったとする『容成氏』の記述は、既知のものとは大きく異なる伝承として、注目に値しよう。

『孟子』や『史記』の説明に従えば、禹はそれまでと同様に禅譲による王朝交替を実行せんとしたことになる。また結果的にそれが果たせず、血縁相続に転換してしまった原因は、伯益が固辞した点と、天下の人心が啓に帰した点にあったことになる。そうであれば、孟子が「丹朱之不肖、舜之子亦不肖。舜之相堯也、歴年多、施澤於民久。啓賢能敬承繼禹之道。益之相禹也、歴年少、施澤於民未久。舜禹益相之久速、其之子賢不肖、皆天也。非人之所能爲也。莫之爲而爲者、天也。莫之致而至者、命也」(『孟子』万章上篇)と弁護するように、それはもはや人間の評価を超えた「天」「命」の仕業として、承認せざるを得ない。事実孟子はそうした弁護ののちに、「孔子曰、唐虞禪、夏后殷周繼、其義一也」と、孔子の口を借りて、禅譲と血縁相続の双方をともに肯定する。
だが『容成氏』の説明に従えば、事情は一変する。禹が禅譲による王朝交替を維持せんとして、伯益に王位を譲ったところまでは、『孟子』や『史記』と同じである。ところが『容成氏』の場合、結果的にそれが果たせなかった原因は、禹の息子の啓が伯益を攻めて王位を奪い、しかも啓以降の夏王が王位を代々血縁世襲していったところにある。こうなると、禅譲から血縁世襲への転換を、もはや孟子のように「天」や「命」のせいにして弁護することは、全く不可能になる。古代帝王の御代から綿々と維持されてきた理想の形態、禅譲による王朝交替が途絶え、以後二度と復活しない悪しき歴史の幕開きは、父・禹王の遺志に背き、放伐によって王位を簒奪した啓の悪業のせいとなる。したがって『容成氏』においては、孟子のように禅譲と血縁世襲をともに肯定するわけにはいかなくなる。

三　『容成氏』における放伐

それでは次に、禅譲とは対極にある放伐の様相を見てみよう。『容成氏』は、殷の湯王が夏の桀王を伐って新王朝を樹立した経緯を以下のように記す。

王天下十有六世而桀作。桀不述其先王之道、自爲畸。……【夏】氏之有天下、厚愛而薄儉、安身力以勞百姓。當是時、强弱不治擾、衆寡不聽訟、天地四時之事不脩。湯乃輔爲征籍、以征關市。民乃宜怨、虐疾始生。於是乎有囂聾跛眇癭僂始起。湯乃謀、戒求賢、乃立伊尹以爲佐。伊尹既已受命、乃執兵禁暴、佯得于民、述迷而不量其力之不足。起師以伐嶠山氏、取其兩女琰琬妺北、去其邦、杵爲冎宮、築爲璿室、立爲玉門。其驕大如是狀。湯聞之、於是乎愼戒陞賢、德惠不贔、三十年而能之。如是而不可、然後從而攻之。陞自武遂、内自北門、立於中𠔌。桀乃逃之鬲山氏。湯又從而攻之、降自鳴條之遂、以伐高神之門。桀乃逃之南巣氏。湯又從而攻之、逐逃、去之蒼梧之埜。湯於是乎徵九州之師、以批四海之内、於是乎天下之兵大起、於是亡宗戮族殘羣、焉服。……是以得衆而王天下。

禹が夏王朝を建ててから十六代を経たのち、桀王が即位する。桀は夏の先王の道に従わずに奇矯な振舞いに走り、ために天下は混乱し始める。湯は桀を輔佐するかのように装いながら、さらに悪政を助長すべく、課税台帳を作製して関所や市場に課税する。はたせるかな民衆は怨嗟の声を上げ、初めて疫病が発生して、その後遺症で身体に障害を持つ者が増え始める。湯はさらに陰謀を廻らし、桀を戒めて賢者を登用するよう勧め、腹心の部下である伊尹を桀の輔佐役に送り込む。

伊尹は湯の密命を受け、夏に強力な軍隊が存在するかのように偽装して、桀に錯覚を起こさせ、遠征軍を派遣するようそそのかす。だまされた桀は嶠山氏を攻撃し、嶠山氏の二人の娘を連れ帰って娶る。桀は彼女たちのために豪華な宮殿を造営する。桀が驕慢さを増長させているとの報告を聞いた湯は、自らは賢者を登用し、公平に恩徳を施して人心を収攬する。頃合を見計らった湯は、こんな惨状を放置できないとして桀の非道を鳴らし、人心を離反させた上で、桀を攻撃する。

武遂から攻め上ぼり、北門から城内に攻め込み、門の中に立って自分が城主であることを顕示する。都落ちした桀は鬲山氏の領内に逃亡するが、湯はそれを追撃し、鳴條から攻め下り、高神の門に攻めかかる。辛くも脱出した桀は、南巣氏の領地に逃げ込む。湯は執拗に追撃を重ね、桀は蒼梧の野に逃走する。湯は九州の兵を徴集して天下の全域で大規模な掃討戦を行い、夏王朝の宗族や支持者を皆殺しにして、ようやく天下を平定し、殷王朝を樹立する。

これが『容成氏』が記す夏から殷への王朝交替の経緯である。留意すべきは、天が桀王を誅したとか、湯王が天から受命したといった類の記述が、一切見えない点である。したがってこの王朝交替は、天の意志とは何の関わりも持たない形で実行されたことになる。すなわち夏から殷への王朝交替は、天命が革まった革命ではなく、ひたすら地上の人間たちの意志で行われた放伐に過ぎない。

次に注目すべきは、湯の悪辣さである。確かに先王の道に従わなかった桀王の責任は免れないであろう。だが姦計によって桀王を陥れ、より一層悪政を重ねさせて、夏王朝の評判を落とさせた狡猾なやり口は、桀王とは比較にならぬほど悪質である。さらに執拗な掃討戦を実施して夏の宗族を族滅したやり方も、極めて残忍である。『墨子』は「昔三代聖王、禹湯文武、此順天意而得賞也」（天志上篇）と、湯王を天意に従った聖王として称賛するが、『容成氏』が描く湯王の行状には、聖王にふさわしい要素は微塵も感じられない。

「皆不授其子而授賢。其徳猶（悠）清、而上愛下、而一其志、而寝其兵、而官其材」といった記述から、『容成氏』が禅譲こそが理想の王朝交替の形だと考えていたことは明白である。とすれば、禅譲の対極に

殷王朝の樹立を上天に報告する湯王

ある放伐に対しては、『容成氏』は否定的な態度を取っていると考えなくてはならない。湯王を悪辣な陰謀家として描写するのも、そうした立場の反映であろう。また『容成氏』は、湯王の治績には一言も触れず、「湯王天下三十有一世而受作」と、一足飛びに受（紂王）の登場へと話を移す。こうした湯王に対する冷淡な態度も、やはり放伐に否定的な姿勢の現われであろう。

放伐に関して留意すべき点はもう一つある。「不以其子爲後」と禅譲を称賛する『容成氏』の立場からは、放伐のみならず、血縁による王位の世襲もまた否定されることになる。そして最初に血縁による王位の世襲が開始されたのは、禹の息子の啓が伯益を攻めて王位を簒奪し、自ら即位してからである。次に王位の世襲が再開されたのは、湯が放伐によって夏王朝を滅ぼして殷王朝を建ててからである。つまり『容成氏』の記述に従えば、ともに否定さるべき放伐と血縁世襲の間には、放伐を契機に血縁世襲が開始され、血縁世襲を続けた王朝は放伐によって滅ぼされるとの因果関係が潜在していることになる。『容成氏』が啓を父の遺志に背いた簒奪者として、湯を悪辣で冷酷な簒奪者として描くのも、その因果関係を暗示しようとする意図によるものと考えられる。

四　『容成氏』における殷周交替

『容成氏』は禅譲を王朝交替の理想として、放伐と血縁世襲を否定する。それでは『容成氏』は、放伐によって実行された殷周革命をどのように描くのであろうか。以下に『容成氏』が記す経緯を示してみる。

湯王天下三十有一世而受作。受不述其先王之道、自僞畸爲於其政。治而不賞、官而不爵、無勵於民、而治亂不收。故曰、賢及……【於】是乎作爲九成之臺、置盂炭其下、加繫木於其上、思民蹈之、能遂者遂、不能遂者入而死。不從命者從而桎梏之。於是乎作爲金桎三千。既爲金桎、又爲酒池、厚樂於酒。溥夜以爲淫、不聽其邦之政。於是乎九邦叛之。豐鎬于鹿耆崇密須氏。文王聞之曰、雖君亡道、臣敢勿事乎、雖父亡道、子敢勿事乎。孰天子而可反。受聞之、乃出文王於夏臺之下、而聞焉曰、九邦者其可來乎。文王曰、可。文王、於是乎素端裳以行九邦、七邦來服、豐鎬不服。文王乃起師以嚮豐鎬。三鼓而進之、三鼓而退之曰、吾所知多焉。一人爲亡道、百姓其何辜。豐鎬之民聞之、乃降文王。文王時故時而教民時、高下肥磽之利盡知之。知天之道、知地之利、思民不疾。昔者文王之佐受也、如是狀也。

湯王が殷王朝を建ててから三十一世を経たのち、紂王が即位する。紂王は殷の先王のやり方を踏襲せず、奇矯な振る舞いに出る。炮烙の刑で民を苦しめたり、服従しない者を拘禁するために、金属製の桎梏を大量に作らせたり、酒池を作らせて深夜まで淫楽に耽るなどの放埒を重ね、国政を顧みなかった。その結果、九つの諸侯が殷に反旗を翻す。

これを聞いた文王は、「雖君亡道、臣敢勿事乎、雖父亡道、子敢勿事乎。孰天子而可反」と、反乱軍を厳しく批判する。これを聞きつけて喜んだ紂王は、文王を夏台の下に呼び出し、お前の力で離反した九邦を帰順させることができるかと尋ねる。可能だと答えた文王は、粗末な衣服を身にまとって九邦を巡り、説得工作に当たる。それが功を奏し、七邦は入朝して帰服するが、豊と鎬の二邦だけは帰順を拒む。

そこで文王は自ら軍を率い、豊と鎬に向けて進軍を開始する。訓練の仕上がり具合を閲兵したのち、首謀者は有罪だとしても、一般の民衆は無罪放免とせよと訓示する。これを伝え聞いた豊と鎬の民衆は、進んで文王に降伏する。文王は民衆に時令を教え、博識を生かして農業を振興して、民生の安定に尽力する。『容成氏』はこうした功績を挙げて、「昔者文王之佐受也、如是狀也」と、文王の忠勤ぶりを顕彰する。文王を最後まで紂王の忠臣に徹した姿で叙述するのは、紂王が文王を羑里に幽閉するなど、両者の緊張関係に主眼を置く伝世文献には見られない『容成氏』の特色で、それだけに注目に値しよう。

続いて『容成氏』は、いわゆる殷周革命の経緯を、以下のように叙述する。

文王崩、武王卽位。曰、成德者、吾説而代之。其次吾伐而代之。今受爲無道、昏捨百姓、制約諸侯。天將誅焉。吾勴天威之。武王於是乎作爲革車千乘帶甲萬人。戊午之日、渉於孟津、至於共縢之閒。三軍大範。武王乃出革車五百乘帶甲三千、以少會諸侯之師於牧之埜。受不知其未有成政、而得失行於民之朕也。或亦起師以逆之。武王於是乎素冠冕、以告閔于天曰、受爲亡道、昏捨百姓、制約諸侯、絶種侮姓、土玉水酒。天將誅焉。吾勴天威之。武王素甲以陳於殷郊。而殷……

文王が死去したのち、即位した武王は、「成德者、吾說而代之。其次吾伐而代之。今受爲無道、昏捨百姓、制約諸侯。天將誅焉。吾勴天威之」と宣言する。こうした『容成氏』の記述によれば、武王の第一の目的は、殷の紂王に有徳者に天子の位を禅譲するよう説得する点にあり、もし紂王が説得に応じなかった場合は、武力で紂王を退位させ、強制的に有徳者に禅譲させるとの二段構えの計画だったことになる。つまりこれは、武力を背景にした禅譲の強要であって、しかも禅譲の相手は武王自身ではない。『容成氏』は武王の口を借りて、天が紂王を誅せんとしていると語らせるのみで、文王にも武王にも、天が命令（天命）を変更（革命）して、殷に代わって周王朝を樹立せよと命じたとは、決して言わないのである。

武王は革車千乗・帯甲一万の軍勢を率いて孟津を渡ったのち、兵力の一部、革車五百乗・帯甲三千の部隊を抽出して、馳せ参じた諸侯の軍隊と目的の達成を誓い合う。こうした示威行動も、紂王に対して武力で威嚇して反省を促すのみで、まだ総攻撃をかける意志がないことを伝えるためである。そのため『容成氏』では、牧野の会戦は存在しないのである。ところが紂王は反省するどころか、「起師以逆之」と、軍を動員して迎撃の構えを取る。そこで武王は、素冠冕して憂いを天に上告し、紂王の非道を鳴らしつつ、天意を奉じて紂王を退位させるとの決意を重ねて宣言する。かくして武王は牧野から軍を進め、初めて戦闘服に着替えて実力行使を辞さない覚悟を示しつつ、殷都の郊外に布陣する。

『容成氏』はこの先の竹簡が欠損しているが、ここまでの記述を見る限り、武王には当初から紂王に総攻撃をかけて、有無を言わさず殷を攻め滅ぼす意志は存在しなかったことになる。最後まで紂王の忠臣たらんとした父・文王の遺志を尊重し、紂王に反省を迫りながら、慎重に段階を踏んで進軍していく形が取られている。恐らくこの先には、紂王を実力で排除したのち、天下中から賢者を探し出してきて天子の位に就けようとしたが、見つからなかったか、あるいは次々に辞退され、諸侯たちに推戴されて已むなく自ら即位したといった経緯が記されていたものと推測される。

こうした『容成氏』の叙述内容は、伝世文献が記す殷周革命の経緯とは、大きく異なっている。『容成氏』の説明に従う限り、殷から周への王朝交替は、周の文王・武王が上天から受命して行った革命ではなかったことになる。さらに武王の当初の意図が、天下から有徳者を探し出してきて、紂王と交替させるところに存した以上、武王の行為は禅譲の強要にとどまるのであって、基本的には禅譲路線の延長線上に位置するとも言える。ただし結果的には、軍事力を行使して紂王を排除しているから、放伐の側面が付随することも否定はできない。

それでは『容成氏』は、殷周革命をなぜこのような複雑な性格の事件として叙述したのであろうか。

五　放伐と禅譲

この問題の検討にはいる前に、『書経』『詩経』『史記』などの伝世文献が、殷周革命をどのように叙述しているかを確認して置きたい。最初に『書経』の記述を見てみよう。

天佑下民、作之君、作之師。惟其克相上帝、寵綏四方。有罪無罪、予曷敢有越厥志。（中略）商罪貫盈。天命誅之。予弗順天、厥罪惟鈞。予小子夙夜祇懼、受命文考、類于上帝、宜于冢土、以爾有衆、底天之罰。

（『書経』泰誓上）

これは孟津において、武王が諸侯と誓った際の発言である。武王は「天佑下民、作之君作之師」と、上天が自分を紂王に代わる新たな君主に指名したと語る。上天の指名を受けた以上、「惟其克相上帝、寵綏四方」と、自分には上天の意志を奉じて天下を安寧に統治すべき責任があるとも言う。ただし上天の命が自分に下ったとするのは、武王の一方的主張であるから、武王は紂王から王位を簒奪しようとしているに過ぎないとの批判が生ずる恐れがある。「有罪無罪、予曷敢有越厥志」との発言は、そうした批判を予想した上での自己正当化であろう。「天命誅之。予弗順天、厥罪惟鈞」との発言も、上天が紂王の誅殺を命じている以上、実行しなければ自分も紂王と同罪になるとの理屈であって、やはり天命を盾に放伐と簒奪を正当化する内容である。さらに武王は、「受命文考」と、放伐は父・文王の遺志でもあるとして、重ねて自分の行為を正当化しようとする。

ただし泰誓は偽古文なので、あくまでも参考に過ぎない。そこで次に『史記』周本紀の記述を見てみよう。

（A）武王乃作太誓、告于衆庶、今殷王紂乃用其婦人之言、自絶于天。（中略）今予發維共行天之罰。

（B）尹佚筴祝曰、殷之末孫季紂、殄廢先王明德、侮蔑神祇不祀、昏暴商邑百姓、其章顯聞于天皇上帝。於是武王再拝稽首。曰膺更大命、革殷、受天明命。武王又再拝稽首、乃出。

まず（A）で武王は、天は紂王を見放して誅罰せんとしており、自分は謹んで天罰を実行しようとしているのだと述べて、天意を盾に自己正当化を図っている。次の（B）は、牧野の会戦に勝利して殷都・朝歌に入城した武王に対し、史佚が述べた祝詞で、紂王の暴虐ぶりが上天に聞こえたこと、武王が殷に代わって地上を統治せよとの天命を受けたことなどが語られる。このように『史記』周本紀でも、殷から周への王朝交替は、上天が命令を変更した革命だと説明されているのである。それでは『詩経』はどう説明するのであろうか。

穆穆文王、於緝熙敬止。假哉天命、有商孫子。商之孫子、其麗不億。上帝既命、侯于周服。

（『詩経』大雅文王・文王）

有命自天、命此文王。于周于京、纘女維莘。長子維行、篤生武王。保右命爾、燮伐大商。

（『詩経』大雅文王・大明）

綏萬邦。婁豐年。天命匪解。桓桓武王、保有厥士。于以四方、克定厥家。於昭于天、皇以間之。

（『詩経』周頌閔予小子・桓）

先頭の大雅文王・文王の一節では、上天が文王に命を下して、周が殷の万民を統治するよう命じたとされる。次の大雅文王・大明の一節では、文王が上天より受命したのち、後を継いだ武王が、やはり天佑を得て殷を討伐したとされる。最後の周頌閔予小子・桓の一節では、武王の徳が上天に聞こえ、上天は命を下して殷に代わって地上に王たらしめたと謳われる。

このように『詩経』は、まず文王が上天より受命し、その遺志を受け継いだ武王が、やはり天命を受けて殷を伐ち、周を建国したと説明する。つまり『詩経』においても、殷から周への交替は、上天の命を受けて実行された革命だったとして、その正当性が強調されているのである。

これまで見てきたように、『書経』『詩経』『史記』などの伝世文献は、いずれも殷周交替の性格を革命と説明する。これに対して『容成氏』は、文王の代にすでに受命していたなどとは一言も言わない。『容成氏』が描く文王は、最後まで紂王の忠臣であり、率先して反乱を鎮圧して回ったのであるから、文王が上天から殷を伐てとの命を受けていないのは当然である。また『容成氏』によれば、武王の目的は紂王を威嚇して有徳者に禅譲させる点にあったのだから、当初より殷から周への交替を意図していたわけではない。もし有徳者への禅譲が実現していれば、その有徳者が殷に代わる新王朝を建てることになるからである。したがって武王が即位してから紂王を排除するまでの間も、周に天命が下ったりはしていないわけで、『容成氏』は「天將誅焉」とするのみで、武王が受命して殷の討伐を開始したとは決して言わない。

『容成氏』は最後の部分に数枚の脱簡がある。そのため、武王が有徳者の擁立を断念して、周王朝の樹立に踏み切ったとき、いかなる理由を掲げて正当化を図ったのかは知ることができない。したがって、有徳者に相次いで辞退されるとか、探し出せないといった事態に直面したのち、武王が自分が受命したと宣言する構成を取っていた可能性も残る。だが少なくも、紂王を排除する時点まで、文王も武王も受命していなかったとされていることは確実である。この点で殷周交替に関する『容成氏』の説明は、伝世文献の説明とは大きく相違しているのである。

伝世文献の中、『詩経』と『書経』は『容成氏』に先行する書物である。先に引用した『書経』泰誓篇は偽古文であるが、『史記』周本紀の内容から、これと似たり寄ったりの内容を持つ本来の泰誓篇が、春秋・戦国期にすでに成立していたと推測できる。よしんば『書経』を考慮の外に置くとしても、少なくも『詩経』が『容成氏』に先行していたことは疑えない。しかも『論語』に『詩』を尊重する孔子の発言が散見する点や、郭店楚簡中の『六徳』に「觀諸詩書則亦在矣。觀諸禮樂則亦在矣。觀諸易春秋則亦在矣」と詩・書・礼・楽・易・春秋を並称する記述が見られること、『語叢』一にも「詩所以會古今之志也者」と『詩』の解説が見られること、上博楚簡『孔子詩論』の中で孔子が詩を評論したとされていることなどから判断して、戦国期の儒家が『詩』を経典視していたことは確かである。

とすれば、殷周交替の性格を革命と規定して正当化する『詩経』の説明は、儒者にとって準拠すべき規範だったはずである。それにもかかわらず、『容成氏』はなぜ『詩経』の立場から逸脱し、『詩経』とは大きく異なる説明を施したのであろうか。

その最大の要因は、『容成氏』が王朝交替の理想的形態を禅譲に求めたところに存するであろう。もし王朝交替が、血縁による世襲を否定して、禅讓によってのみ行われるならば、王朝が複数の世代に渡って存続することはなく、王朝はすべて一代限りで終わる。この意味で、禅讓と血縁世襲は全く対立する様式となる。また禅讓は、前王が天下から有徳者を抜擢して王位を讓る行為であるから、そこに武力が介在する余地はない。この意味では、禅讓と放伐もまた対立する様式となる。そしてともに禅讓の対極に位置するとの意味では、血縁世襲と放伐は同類となる。禅讓が継続している限り、血縁世襲も放伐も決して生じようがないからである。

もしこうした価値基準に照らして殷周交替を評価しようとすれば、それが流血を伴う放伐であった以上、『容成氏』は殷周革命に否定的評価を下さざるを得ない。だが文王・武王は、儒家にとってひたすら賞賛すべき偉大な王者であった。孔子は「文王既沒、文不在茲乎」（『論語』子罕篇）とか、「莫不有文武之道焉。夫子焉不學」（『論語』子張篇）と、文王・武王を理想の王者と仰ぐ。同様に孔子は、「三分天下有其二、以服事殷。周之德、其可謂至德也已矣」とか、（『論語』泰伯篇）「周監於二代、郁郁乎文哉。吾從周」（『論語』八佾篇）と、周王朝をも理想化する。

『容成氏』が殷周革命に否定的評価を下そうとすれば、必然的に文王・武王や周王朝にも否定的評価を下さざるを得なくなる。だが儒家でありながらそうした姿勢を示すことは不可能であろう。つまり一方で禅讓のみを王朝交替の理想型として賞賛しながら、他方で文王・武王や周王朝をも理想的王者・王朝として肯定しようとする立場は、重大な矛盾を引き起こすのである。

『容成氏』の作者は、まさしくこの矛盾に直面したのだと考えられる。そこで『容成氏』の作者は、殷周革命を初めから文王に天命が下った革命としてではなく、退位して有徳者に王位を譲るよう紂王に迫る、禅譲の強要として描いたのだと考えられる。武王の意図をこのように設定すれば、たとえ武力を背景にはしていても、その基本精神は広義の禅譲路線に沿ったものだったとして肯定できる。しかも、天命我に有りと主張して、最初から周が殷に取って代わろうとしたわけではないから、『孟子』梁恵王下篇に「齊宣王問曰、湯放桀、武王伐紂、有諸。孟子對曰、於傳有之。曰、臣弑其君可乎」と見えるような、武力による君位の簒奪ではないかとの批判をも封ずることができる。

だがここで一つの疑問が生ずる。『容成氏』が殷周交替は意図としては禅譲の一種だったとして、周王朝を弁護するのであれば、先行する夏王朝と殷王朝の扱いはどうなるのであろうか。夏王朝は舜から禹への禅譲によって誕生したのであるから、夏王朝の成立過程は、『容成氏』の価値基準に照らして肯定できる。また王朝の創始者である禹も、皐陶に禅譲しようとして固辞され、さらに伯益に禅譲したのであるから、禹王一代の治世に限れば、やはり禅譲路線を維持した王者として肯定できる。夏王朝が禅譲路線を放棄し、血縁世襲の路線へと変質・劣化したのは、啓が伯益を攻めて君位を簒奪してからであって、禹に直接の責任はないからである。

それでは殷王朝はどうであろうか。前に紹介したように、『容成氏』は夏から殷への交替の過程に、上天の意志を一切介在させない。こうした操作によって『容成氏』は、殷王朝の成立が上天の意志によるものではないことを暗示せんとしたのであろう。しかも『容成氏』に登場する湯王は、伊尹を送り込んで桀王に悪事を重ねさせ、天下の人心が離反するよう工作したり、夏王朝の宗族や支持者を皆殺しにするなど、悪辣な陰謀家として描かれる。周の文王も殷の紂王に忠誠を尽くしたのだが、それは君君たらざるも臣は臣たらざるべからずといった正義感に基づくものであって、湯王が忠臣を装って桀王をそそのかし、悪業を助長したのとは、本質的に異なる。

とすれば、天命の承認もなければ、禅譲の要素も一切なく、ひたすら悪辣な姦計と残虐な放伐によってのみ進められた殷王朝の成立過程に対し、『容成氏』が評価し得る点は皆無となる。しかも『容成氏』は、湯王が治世を終えるに当たり、禅譲の意思を示したとは一言も記さない。この意味でも湯王は、全く評価できない君主となる。

そもそも『論語』には、「子曰、巍巍乎、舜禹之有天下也、而不與焉」（泰伯篇）とか、「子曰、禹吾無間然矣。菲飲食而致孝乎鬼神、悪衣服而致美乎黻冕、卑宮室而盡力乎溝洫。禹吾無間然矣」（泰伯篇）と、禹を絶賛する孔子の発言が記録される。これに反して湯王を賞賛する孔子自身の発言は存在せず、わずかに「子夏曰、富哉是言乎。舜有天下、選於衆擧皐陶、不仁者遠矣。湯有天下、選於衆擧伊尹、不仁者遠矣」（顔淵篇）との子夏の賛辞が記されるのみである。したがって湯王に否定的態度を取っても、直接的に孔子の賛辞を無視する行為にはならないから、堯・舜や禹王、文王・武王に否定的評価を下すのとは違って、比較的抵抗感は少なくて済んだであろう。

だがそれにしても、湯王を禹王や文王・武王と並ぶ三代の王者として賞賛するのが、儒家の一般的な態度である。その中にあって、湯王を陰険な策謀家としてのみ描き、湯王の治績には一言も触れようとしない『容成氏』の態度は、極めて異例である。『容成氏』の作者の禅譲に対する執着と放伐や血縁世襲に対する反感が、いかに強いものであったかが窺えよう。

郭店楚簡や上博楚簡の発見により、春秋末から戦国中期にかけての儒家の間で、禅譲や放伐・革命の正当性をめぐる議論が想像以上に盛んだったことが判明した。郭店楚簡の『唐虞之道』や、上博楚簡の『子羔』『容成氏』などは、いずれもこの問題を扱っている。(6) 中でも『唐虞之道』の立場は極端で、「唐虞之道、禪而不傳」「禪而不傳、聖之盛也」とか、「禪也者、上德授賢之謂也。上德則天下有君而世明。授賢則民興教而化乎道。不禪而能化民者、自生民未之有也」と、禅譲のみを王朝交替の理想として賞賛する。

こうした『唐虞之道』の立場に立てば、舜が禹に禅譲してから後の歴史は、放伐と血縁世襲の悪しき歴史として、すべて否定せざるを得なくなる。しかしそれでは、文王・武王を理想の先王と称え、周を理想の国家と称える儒家の立場と矛盾してしまう。そこで『唐虞之道』の作者は、堯から舜への禅譲に話題を絞り、禹以後の歴史には触れない方法で、この矛盾を回避しようとした。だが所詮それは、姑息な逃避の域を出ず、根本的な解決策にはなり得ない。(7)

これに対して『容成氏』の立場は、容成氏から武王に至る歴史を、放伐や血縁世襲の事例にも顔を背けることなく叙述しながら、そこに禅譲こそが理想の王朝交替だとする主張を貫徹させようとするものであった。こうした『容成氏』の姿勢は、ご都合主義的に歴史をつまみ食いする『唐虞之道』に比べ、真正面から自己の価値観による歴史評価を展開したものとして、その意義を評価できる。

ただし『容成氏』の試みにも、なお課題は残されている。その第一は、湯王に対する否定的評価が、やはり儒家の立場と抵触する点であり、第二は、周王朝も血縁世襲を続けてきた事実の処理である。『容成氏』には末尾に数枚の脱簡があって、作者が周の血縁世襲にいかなる態度を示したのかは不明である。もし否定的評価を下したとすれば、周を理想の国家とする孔子以来の儒家の立場と、やはり齟齬せざるを得ないし、何らの態度も示さなかったのだとすれば、『唐虞之道』に類する逃避行為に甘んじたことになる。

こうした課題を克服するには、禅譲にせよ放伐・血縁世襲にせよ、すべての王朝交替を扱いながら、その一方で堯・舜・禹・湯・文・武といった古代先王すべてを肯定できる理論を作り上げる必要があろう。「萬章問曰、人有言。至於禹而德衰、不傳於賢而傳於子。有諸。孟子曰、否、不然也。天與賢則與賢、天與子則與子」「孔子曰、唐虞禪、夏后殷周繼、其義一也」(『孟子』万章上篇)とか、「曰、臣弑其君可乎。曰、賊仁者謂之賊。賊義者謂之殘。殘賊之人、謂之一夫。聞誅一夫紂矣、未聞弑君也」(『孟子』梁恵王下篇)といった孟子の言説は、そうした課題に答えようとした一つの試みであったと考えられる。(8)

なお『唐虞之道』『容成氏』『孟子』三者の立場を比較すると、以下に示す図のようになる。

『唐虞之道』『容成氏』『孟子』三者の比較

A　王朝交替に対する立場

B　歴史の枠組み……堯・舜・禹は禅譲、湯・武は放伐、夏・殷・周は世襲。三者はAとBの間をどう調停したか。

【唐虞之道】

A　禅譲のみを王朝交替の理想型とする立場

← 唐虞のみ取り上げて賞賛。不都合な部分には触れない。

B　堯―舜―禹―湯―文・武

＊三代の先王を否定せずに済むが、歴史の枠組み全体を扱えない。天命を介在させず。

【容成氏】

A　禅譲のみを王朝交替の理想型とする立場

歴史的経緯を改変。 ← 価値評価を加える。

B 上古帝王―嚳?―堯―舜―禹―湯―文・武

＊歴史の枠組み全体を扱えるが、湯王を否定せざるを得ない。紂にのみ天誅を介在させる。

【孟子】

A 禅譲と血縁世襲をともに肯定する。放伐をも誅殺にすり替えて是認する。

← 歴史的経緯をすべて肯定する。

B 堯―舜―禹―湯―文・武

＊歴史の枠組み全体を扱えると同時に、古代先王すべてを肯定できる。
天・命・天命を正当化の論拠にする。王朝交替の理想型は消滅する。

注

（1）年代測定の結果は、『上博館蔵戦国楚竹書研究』（上海書店出版社、二〇〇二年三月）所収の「馬承源先生談上海簡」に紹介されている。

（2）以下『容成氏』の引用は、『上海博物館蔵戦国楚竹書（二）』（上海古籍出版社、二〇〇二年十二月）による。ただし同書の竹簡の排列には多くの疑問点が残されている。そこで本稿では、『上海博物館蔵戦国楚竹書（二）讀本』（萬巻樓、二〇〇三年七月）所収の蘇建洲「容成氏譯釋」に従って排列を変更した箇所がある。また同書の指摘や私見によって、『上海博物館蔵戦国楚竹書（二）』の釈文を改めた箇所が存在するが、紙数の都合により逐一の注記を省いた。

（3）郭店楚簡『唐虞之道』は堯の出自について、「古者堯生於天子而有天下」と述べるにとどまる。

（4）筆者は『新出土資料と中国思想史』（大阪大学中国学会『中国研究集刊』別冊、二〇〇二年六月）で、こうした可能性を指摘したことがある。蘇建洲「容成氏譯釋」も、この点に関してほぼ同じ見解を示している。

（5）上博楚簡『孔子詩論』の大雅皇矣・大明の箇所では、「懐尓明德、誠謂之也。有命自天、命此文王、誠命之也。信矣。孔子曰、此命也夫。文王唯裕也、得乎此命也」と、文王が受命していたことが、孔子の口を借りて強調されている。前述のようにすでに『詩経』が文王の受命を再三明言しているにもかかわらず、『孔子詩論』の中で改めてその真偽が問題とされる背景には、『容成氏』のように文王の受命を否定する文献の存在があったと考えられる。

（6）『子羔』については、書物としてのまとまりをどう考えるかについて、なお検討すべき点が残されている。この問題に関する詳細については、福田哲之「上海博物館蔵戦国楚竹書『子羔』の再検討」（『新出土資料と中国思想史』所収）参照。

（7）この点の詳細については、拙稿「郭店楚簡『唐虞之道』の著作意図―禅譲と血縁相続をめぐって」（『大久保

隆郎教授退官紀念論集　漢意とは何か』東方書店、二〇〇一年十二月）参照。

（8）始めに述べたように、上博楚簡の書写年代は、前三七三年から前二七八年の間となる。原著の成立時期は当然写本の書写年代を遡るから、『容成氏』は戦国前期（前四〇三～前三四三年）から戦国中期（前三四二～前二八二年）にかけて、すでに成立していたと見なければならない。一方、孟子の活動時期は、前三二〇年頃から前三〇〇年頃と推定される。したがって『容成氏』は、孟子に先行する文献であった可能性が高い。「人有言。至於禹而徳衰、不傳於賢而傳於子。有諸」といった万章の疑問も、『容成氏』に類する文献の記述を踏まえて発せられたと考えられる。

第二章 『容成氏』における身体障害者

竹田健二

はじめに

上博楚簡に含まれていた古佚文献『容成氏』は、王朝交代の方法として禅譲のみを肯定し、放伐や世襲による王位の継承を否定する儒家系の文献として特に注目されているが、古代の帝王の統治と身体障害者の福祉とを結びつけるという、興味深い思考もそこには見出す事ができる。そこで本章では、この『容成氏』における身体障害者に関する思考ついて、若干の考察を加えてみることにする。

一 『容成氏』における理想的な統治と身体障害者

『容成氏』において、身体障害者に関する言及が見られる部分は二箇所存在する。先ずその内の一つ、文献全体の冒頭部分について見てみよう。

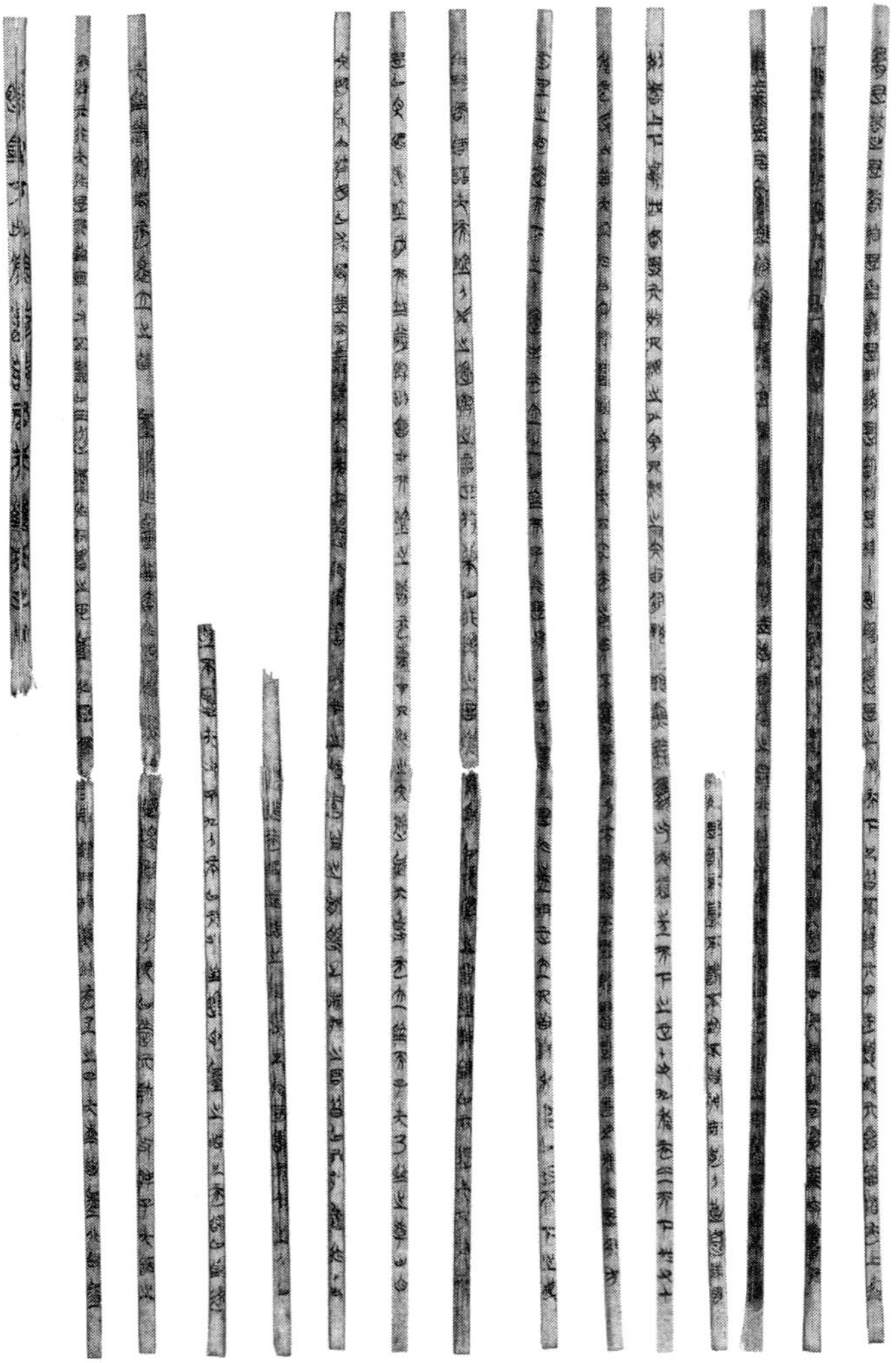

上博楚簡『容成氏』の冒頭部。右から第一～第十五簡。『上海博物館蔵戦国楚竹書(二)』より。

『容成氏』は、以下の記述で始まっている。(1)

00〔昔者容成氏、□□氏、□□氏、□□氏、□□氏、□□氏、□□氏、□□氏、□氏、□□氏、□□氏、尊〕01盧氏、赫胥氏、喬結氏、蒼頡氏、軒轅氏、神農氏、韋~氏、膚畢氏之有天下也、皆不授其子而授賢。其徳悠清、而上愛02下、而一其志、而寝其兵、而官其材。

〔昔者容成氏、□□氏、□□氏、□□氏、□□氏、□□氏、□□氏、□□氏、□□氏、□□氏、□□氏、尊〕盧氏、赫胥氏、喬結氏、蒼頡氏、軒轅氏、神農氏、韋~氏、膚畢氏の天下を有つや、皆其の子に授けずして賢に授く。其の徳悠清にして、上は下を愛し、其の志を一にし、其の兵を寝《や》め、其の材を官とす。(2)

上古以来、天下は容成氏以下多くの帝王たちによって治められてきた。それら上古の帝王は、天下を「皆其の子に授けずして賢に授」けた。つまり、帝王の位を、世襲ではなく禅譲によって賢者に譲ったのである。帝王たちの徳は清く、下位にある者を慈しみ、民とその志を一つにし、また軍事行動を起こすことはなく、有能な人物を役人として登用し、立派な統治を行った。

『容成氏』で最初に身体障害者が登場するのは、続く以下の部分である。

02於是乎喑聾執燭、矇瞽鼓瑟、跛躃守門、侏儒爲矢、長者繇宅、僂者攻譽、瘻03者煮鹹鹺、疣者漁澤、害棄不廢。

是に於て喑聾は燭を執《と》り、矇瞽は瑟を鼓《う》ち、跛躃は門を守り、侏儒は矢を為り、長者は繇宅し、僂《ろう》者は攻譽し、瘻者は鹹鹺《かんさ》を煮、疣者は沢に漁し、害棄すら廃されず。

上古の帝王たちが理想的な統治を行った時代においては、さまざまな身体的障害を持った民も「廃される」ことがなかった。政府は身体障害者たちにその障害が支障とならない職務に就かせ、安定した生活を送らせていたのである。すなわち、発声や耳に障害がある者たちは灯火を司り、目の不自由な者たちは瑟《おおごと》を演奏した。また足の不自由な者たちは門番を、生まれつき背の低い者たちは矢作りを、腹の膨れた者たちは土地の吉凶の占いを、背の曲がって俯くことの出来ない者たちは天文観測を、頸にこぶのある者は塩作りを、体にいぼのある者は沢で魚を捕ることを、それぞれ担ったのである。

こうした記述から、『容成氏』の理想とする上古の帝王の統治には、役所が直接雇用する形で身体障害者の生活を保護しようとする福祉施策が、明確に含まれていたと見なすことができよう。

続く部分では、理想的な上古の統治には、生活に困窮する民の生活を保護する施策も含まれていたことが記されている。

03凡民疲弊者、教而誨之、飲而食之、思役百官而月請之。

凡そ民の疲弊せる者には、教して之を誨し、飲して之を食わし、百官に役せられんことを思はば而《すなわ》ち月ごとに之を請わしむ。

生活の困窮した民に対して、上古の帝王たちは先ず彼らを教え戒めた上で、飲食を提供した。加えて、そうした民の中に、役所の仕事に就くことを求める者がいれば、月ごとにそれを請求させた。おそらくこれは、雇用期間を一ヶ月単位に制限し、職を求める多数の民に公平に仕事を分配したということであろう。

以上のように、『容成氏』においては、上古の帝王が行った理想的な統治の中に、身体障害者や生活困窮者などを対象とした、さまざまな福祉施策が含まれていたとされている。上古の理想的な帝王が行った所謂「仁政」に、身体障害者に対する施策が組み込まれていたとする点は、非常に興味深い。詳しくは後述するように、こうした思考は伝世の先秦の儒家系文献にはほとんど見出されないからである。

二　『容成氏』における暴虐な統治と身体障害者

『容成氏』中に身体障害者が登場するもう一つの部分は、夏の桀王を殷の湯王が放伐する経緯を記述する部分においてである。

35王天下十有六年而桀作。桀不述其先王之道、自爲畸。（中略）36當是時、強弱不辭揚、衆寡不聽訟、天地四時之事不修。湯乃輔爲征籍、以征關市。民乃宜怨、虐疾始生、於是37乎有喑、聾、跛、眇、瘻、痀、僂始起。

天下に王たること十有六世にして桀作《おこ》る。桀は其の先王の道に述《したが》わずして、自ら畸を為す。（中略）是の時に当たり、強弱にして辞揚せず、衆寡にして聴訟せず。天地四時の事修まらず。湯乃ち輔くるに征籍を為《つく》り、以て関市に征す。民乃ち宜《ほとん》ど怨み、虐疾始めて生ず。是において喑、聾、跛、眇、瘻、痀、僂の始めて起こること有り。

この部分は、『容成氏』の第35簡から第37簡にかけてであるが、第35簡は上下二つに断裂しており、竹簡の接続並びにその文字列の復元に関して問題があると考えられる。このため、解読が甚だ困難であるが、概ね以下のような内容であると考えられる[3]。

禹が夏王朝を建ててから十六代後に、桀が天子となる。桀王は先王の道に従うことなく、王者らしからぬ奇妙な振る舞いをした。桀王は、実情に応じた公平な統治を行おうとはせず、このため天下は大いに混乱した。その桀王を湯は補佐し、課税のための帳簿を作成して、関所の通行や市場での売買に対して課税させた。この過酷な統治に対して民は怨みを抱き、そのために激しい疾病が発生・流行して、聾唖者や足の不自由な者、目の不自由な者、頸にこぶのある者、体がかがんで頭を上げることのできない者、背中の曲がった者などが発生するに至った。

伝世の儒家系文献においては、殷王朝を開いた湯は通常、古代の理想的な聖王の一人とされる[4]。ところが、この部分で湯は、後に桀王を倒すため陰謀をたくらみ、桀王を補佐するふりをしながら、王の評判を落とすべくその悪政を助長した、とされている。『容成氏』においては、湯は理想的な統治を行った人物としては描かれていないのである。

『容成氏』が湯について否定的に描くのは、禅譲こそが理想の王位継承の形態であると主張する、この文献の基本的立場が関わっていよう。すなわち、『容成氏』は禅譲を肯定して放伐を否定するため、桀王を放伐した湯を低く評価した、と考えられるのである。

ところで、この部分では、湯の陰謀により激しさを増した桀王の悪政を怨んだ民の間に疾病が流行し、そのためさまざまな身体障害者が生じた、とされている。先に見たように、『容成氏』では、上古の理想的な帝王による統治のもとでは、身体に障害がある者も「廃され」ることなく、生活することができたとされていた。それに加えて、『容成氏』においては、生活苦にあえぐ民衆の怨嗟こそが、身体障害者の発生する原因だとされているのである。

こうした主張からは、治世の善悪と身体障害者とを関連づけようとする思考が読み取れるであろう。すなわち、『容成氏』においては、社会的に最も弱い立場にある身体障害者の福祉こそが、その時の統治が善政であるか悪政であるかを示す、一種のバロメーターの役割を果たすとされているのである。

もっとも、『容成氏』には堯や舜などの治世について説明する部分も存在しているのだが、そこでは身体障害者についてまったく触れられていない。つまり、古代の帝王の統治と身体障害者のあり方とを結びつける思考は、『容成氏』の中で部分的に説かれているに過ぎないのである。『容成氏』において身体障害者の福祉は、あくまでも統治のあり方を示すさまざまな社会的現象の中の一つとされているに止まる、と理解すべきであろう。

以上、古佚文献である『容成氏』に見られる、古代の帝王たちの統治と身体障害者の福祉とを結びつける思考について述べた。続いて、『容成氏』に見えるこうした思考と伝世の儒家系文献との関係について見てみる。

三　伝世の儒家系文献における身体障害者

儒家系と見られる古佚文献『容成氏』においては、古代の帝王たちの統治と「聾」「跛」「瘻」「僂」などの身体障害者の福祉とを結びつける思考が認められたが、こうした思考は、『論語』『孟子』『荀子』といった伝世の儒家系文献には見出すことができない。

もっとも、『孟子』の中には、古代の帝王の統治の中に福祉施策が含まれていたとする説明がある。

王曰、「王政可得聞與。」對曰、「昔者文王之治岐也、耕者九一、仕者世祿、關譏而不征、澤梁無禁、罪人不孥。老而無妻曰鰥、老而無夫曰寡、老而無子曰獨、幼而無父曰孤。此四者、天下之窮民而無告者。文王發政施仁、必先斯四者。

王曰く、「王政聞くことを得可きか」。対えて曰く、「昔者文王の岐を治むるや、耕す者には九に一にし、仕うる者には禄を世々にし、関は譏《しら》ぶるも征せず、沢梁は禁無く、人を罪するに孥にせず。老いて妻無きを鰥と曰い、老いて夫無きを寡と曰い、老いて子無きを独と曰い、幼くして父無きを孤と曰う。此の四者は、天下の窮民にして告ぐる無き者なり。文王の政を発し仁を施すや、必ず斯の四者を先にす。(梁惠王下篇)

斉の宣王が孟子に、王者の統治とはどのようなものであったのかを尋ねたところ、孟子は周の文王が諸侯として岐を統治した時の様子を、次のように説明した。「文王は、農民に対する課税を収穫の九分の一に抑え、役人として仕える者にはその俸禄を世襲させ、関所を通行する者の取り調べはするが、通行税の取り立てはせず、沢で魚を捕ることは自由に行わせ、悪事をはたらいた人を罪する場合にその罪を妻子にまで及ぼすことがありませんでした。年老いても妻がいない者を鰥といい、年老いても夫がいない者を寡といい、年老いても子がいない者を独といい、幼くして父がいない者を孤といいます。鰥・寡・独・孤に当てはまる者たちは、天下に頼る者のいないかわいそうな人たちです。そこで文王は、民を統治し仁を施すに当たって、必ず鰥・寡・独・孤の者たちを優先したのです。」

この資料からは、『孟子』において、古代の理想的な聖王の一人である周の文王の仁政は、民に重税を課したり厳罰を施すことがなく、民の生活をいわば保障するものと見なされていたことが分かる。特に、夫婦関係或いは親子関係にある者がおらず、頼る者のいない「天下の窮民」について、文王が彼らを重視して、福祉施策を優先して実施したとされる点は注目されよう。(5)

先に見たように、『容成氏』においても、「民の疲弊せる者には、教して之を誨し、飲して之を食わし、百官に役せられんことを思はば而《すなわ》ち月ごとに之を請わしむ」と、生活に困窮する民の生活を安定させるため、古代の帝王たちが福祉施策を行ったとされていた。従って、『孟子』と『容成氏』とは、古代の理想的な帝王の統治に福祉施策が含まれていたとする点で、共通する面が認められるといえる。

しかしながら、『容成氏』においては古代の帝王たちの統治と身体障害者の福祉とが結びつけられていたのに対して、『孟子』の描く文王の統治の中には、身体に障害のある者への言及が全く存在しない。『孟子』の理想とする統治における福祉施策には、身体障害者に関する施策が含まれていないのである。

加えて『孟子』には、暴虐な天子による統治のもとでは身体に障害のある者が発生し、その数を増すといった思考も、見出すことができない。『孟子』においては、そもそも帝王の統治と身体障害者とを結びつける思考自体が存在していないようなのである。

ここで注目されるのが、『礼記』である。『礼記』王制篇には、以下のような記述がある。

少而無父者謂之孤。老而無子者謂之獨。老而無妻者謂之矜。老而無夫者謂之寡。此四者、天民之窮而無告者也。皆有常餼。瘖、聾、跛躄、斷者、侏儒、百工、各以其器食之。

少《わか》くして父無き者は之を孤と謂う。老いて子無き者は之を独と謂う。老いて妻無き者は之を矜と謂う。老いて夫無き者は之を寡と謂う。此の四者は、天民の窮して告ぐる無き者なり。皆常餼有り。瘖、聾、跛躄、断者、侏儒、百工、各おの其の器を以て之を食《やしな》う。

ここでは、有虞氏・夏后氏・殷・周の礼のあり方として、幼くして父がいない孤、年老いて子がいない独、年老いて妻がいない矜、年老いて夫がいない寡に対しては食物を贈ってその生活を安定させ、また発声や耳に障害がある者、足の不自由な者、四肢を切断された者、生まれつき背の低い者など、身体に障害のある者は、政府がそれぞれ能力に応じた役割を与えて彼らの生活を保護した、とされている。すなわち、古代の立派な帝王は、『孟子』が描く文王の統治同様、夫婦関係或いは親子関係にある者がいない「窮して告ぐる無き者」たちに対して福祉施策を実施しただけでなく、身体障害者に対しても、その障害が支障とならない職務を与え、その生活を保証したとされているのである。

ここから、『礼記』王制篇には、古代の帝王たちの理想的統治と身体障害者の福祉とを結びつける思考が存在しているといえよう。そして、特に身体障害者に言及し、障害の内容に応じて役所が雇用したとする点において、『容成氏』との強い共通性を見ることができるのである。

また『礼記』礼運篇にも、古代の帝王たちの統治と身体障害者の福祉とを結びつける思考が存在している。

大道之行也、天下爲公。選賢與能、講信修睦。故人不獨親其親、不獨子其子、使老有所終、壯有所用、幼有所長、矜寡孤獨廢疾者、皆有所養。

大道の行わるるや、天下を公と為す。賢を選びて能に与《くみ》し、講ずること信にして修むること睦なり。故に人は独り其の親を親とせず、独り其の子を子とせず、老をして終わる所有り、壮をして用いる所有り、幼をして長ずる所有り、矜寡・孤独・廃疾の者をして、皆養う所有ら使む。

古代において理想的な帝王が大道を行った時には、天下は公のものとされた。帝王は賢者や能力のある者を登用し、また常に真実を語り、民に対して親切であった。このため、民は自分の親にだけ仕えたり、自分の子だけを慈しんだりせず、他者の親にも仕え、他者の子をも慈しんだ。帝王の立派な統治のおかげで老人は安らかな晩年を迎え、壮年は立派に働き、年少者は健やかに育った。また夫婦関係或いは親子関係にある者がいない者や、「廃疾」、つまり身体障害者も、その生活が保護され、困窮することがなかった。

このように、『礼記』の王制篇や礼運篇においては、理想的統治を行った古代の帝王は、頼る者のいない「窮して告ぐる無き者」への施策を行っただけでなく、身体障害者を対象とする施策をも行ったとされている。(6) 古代の帝王の理想的統治と身体障害者の福祉とを結びつける思考が存在する点で、この『礼記』

中の二つの篇は、『容成氏』と共通する面を持つと見なすことができるのである。

戦乱の絶えなかった春秋・戦国時代においては、身体障害者の多くは、富国強兵に役に立たないものとして見捨てられ、悲惨な情況に陥っていたと推測される。そうした現状からすれば、社会的弱者である身体障害者に対してまでも、十分にその生活を保障したとするのは、確かに理想的な統治であったことの象徴となり得ると考えられる。『容成氏』や『礼記』王制篇や礼運篇が一致して身体障害者に対する福祉施策を記しているのも、そうした観点によるものであろう[7]。また、古代の共同体にあっては、身体障害者もそれなりに役割が割り振られ、共同体の一員としていわば「共生」していたとする古代ユートピアの記憶が、その背景に存在した可能性も考えられよう[8]。

さて、郭店楚簡と上博楚簡には、『礼記』緇衣篇とほぼ同一の文献が含まれており、また上博楚簡には『礼記』孔子間居篇とほぼ同一の文献（『民之父母』）が含まれていた。更に、本稿執筆時点では未公開だが、上博楚簡には『大戴礼』武王踐阼篇・曾子立孝篇に相当する文献も含まれているとされる。このため、『礼記』や『大戴礼』に含まれている諸篇の成立時期について、それを専ら秦漢以降としていた従来の定説が、見直されるに至った。すなわち、戦国時代中期（前三四二～前二八二年）の楚の貴族の墓から出土したと考えられる郭店楚簡や上博楚簡に含まれていた緇衣篇や孔子間居篇の成立時期は、戦国時代中期よりも遡ると考えざるを得なくなったのである。

『礼記』王制篇や礼運篇については、今のところ楚簡資料に相当する文献が確認されてはいない。しかしながら、古代の理想的な統治において、「窮して告ぐる無き者」だけでなく、身体障害者をも対象とした福祉的施策があったとする思考を含む点で、この二篇と『容成氏』とに共通する面が認められることは、『礼記』王制篇と礼運篇の性格やその成立時期の問題を考える上で、重要な意味を持つと思われる。(9) 可能性としては、この二篇が戦国時代に既に成立していたとも十分考えられよう。

もっとも、『容成氏』においては、暴虐な天子による統治のもとでは、身体障害者が発生し、その数を増したとする思考も存在していた。『容成氏』においては、理想的な帝王の統治と、暴虐な帝王の統治下とが対比的に捉えられ、身体障害者の福祉は、その時点での統治が善政であるか悪政であるかを示す、一種のバロメーター的な役割を果たすとする思考が見られたのである。

これに対して『礼記』王制篇・礼運篇においては、古代の帝王が身体障害者に対する福祉的施策を行ったとはされているものの、暴虐な統治によって身体障害者が生じたといった内容の記述は見出すことができない。また『礼記』中の他の諸篇においても、そうした暴虐な統治と身体障害者の発生とを結びつける思考を見出すことはできない。

このため、身体障害者の福祉が統治のあり方を示す一種のバロメーターの役割を果たすといった思考は、今のところ伝世の儒家系文献には見出すことのできない、『容成氏』独特の思考と位置付けることができると考えられる。

おわりに

上博楚簡は、郭店楚簡同様、戦国時代中期に造営された楚の貴族の墓から出土したものと考えられる。このため、古佚文献『容成氏』は、戦国時代中期に既に流布していた文献の一つと見られ、その成立時期は、戦国時代前期（前四〇三～前三四三年）に遡り得ると推測される。従って、身体障害者の福祉が統治のあり方を示す一種のバロメーターの役割を果たすとの『容成氏』の特異な思考は、戦国時代前期か、或いはそれ以前に既に存在した可能性があるということになる。

身体障害者の福祉という、現代にも通ずる問題意識を、戦国時代前期以前の儒家が既に持っていたことを、『容成氏』の出土は明らかにしたのである。

注

（1）以下、『容成氏』からの引用は、基本的に『上海博物館蔵戦国楚竹書（二）』の李零氏の釈文に基づく。なお、蘇建洲「〈容成氏〉譯釋」（《上海博物館蔵戦国楚竹書（二）讀本》〔萬巻樓圖書股份有限公司、二〇〇三年〕所収）、邱徳修『上博楚簡〈容成氏〉注釋考證』（台湾古籍出版有限公司、二〇〇三年）、前章の浅野氏の解釈、並びに私見によって一部字句を改めた箇所があるが、煩雑を避けるため逐一の注記を省いた。また、理解の便を図るために、漢字の字体については出来る限り通行の字体に改めた。

（2）『容成氏』の冒頭の第一簡は「盧氏、赫胥氏、～」から始まる。篇題が「容成氏」であることから見て、おそらくこの第一簡の前に脱簡があり、その脱簡には「容成氏」に関する記述が含まれていたと推測される。〔　〕内の文字は、一簡あたりの字数を勘案しながら、その脱簡の文字を推測し補ったものである。

（3）この部分の解釈については、前章の浅野氏の解釈参照。

（4）例えば、『論語』には「子夏曰く、富めるかな言や、舜の天下を有つや、衆に選んで皐陶を挙げ、不仁者遠ざかる。湯の天下を有つや、衆に選んで伊尹を挙げ、不仁者遠ざかる。」（顔淵篇）、また『孟子』には「文王何ぞ当たる可きや。湯由り武丁に至るまで、賢聖の君六七作る。」（公孫丑上篇）、「孟子曰く、『禹は旨酒を悪《にく》みて、善言を好む。湯は中を執りて、賢を立つるに方無し。文王は民を視ること傷《いた》むが如く、道を望むこと未だ之れ見ざるが而《ごと》し。武王は邇《ちか》きを泄《あなど》らず、遠きを忘れず。周公は三王を兼ねて以て四事を施《おこな》わんと思い、其の合わざる者有れば、仰ぎて之を思い、夜以て日に継ぎ、幸いにして之を得れば、坐して以て旦を待つ」（離婁下篇）とある。

（5）『尚書』大禹謨には、堯は「無告を虐げず、困窮を廃」することがなかったとする、舜の言葉がある。

（6）『礼記』問喪篇には、「禿者は免せず、傴者は袒せず、跛者は踊せず。悲しまざるに非ざるなり。身に錮疾有りて、以て礼を備える可からざればなり。」とあり、身体障害者と礼の規定とに関する言及がある。こうした記述の前提にも、身体障害者と統治のあり方とを結びつける思考が存在した可能性が考えられる。

（7）『荘子』人間世篇には、支離疏という奇形の身体障害者について、「上　病者に粟を与うれば、則ち三鍾と十束の薪とを受く」と、政府から物資の供給を受けたとの話がある。これは、戦国時代に身体障害者の福祉を善政のバロメーターとする思考が存在し、しかもそれを実行した君主がいた可能性があることを示すと思われる。

（8）『礼記』礼運篇においては、大道が行われている理想的な世界として大同が説かれている。こうした大同思想は、清末の学者・康有為にも大きな影響を与え、『大同書』のようなユートピア思想を生み出す契機となった。

（9）従来『礼記』王制篇・礼運篇については、専ら漢初の成立と見なされてきた。例えば、武内義雄氏は、王制篇について「漢初おそらく文帝のころの学者が編したもので、漢初の政治思想を考えるのに面白いものであろうと思う」（『武内義雄全集』第三巻〔角川書店、一九七九年〕所収の『礼記の研究』）と述べ、また礼運篇についても、「荀子以後の編成に出るもの」（「礼運考」〔『支那学』二巻一一号、一九二二年〕）。後に『武内義雄全集』

第三巻に収録）としている。また板野長八氏は、礼運篇の成立について、「董仲舒に次ぐ頃、すなわち昭帝の時に行なわれた塩鉄論争の前後に出来たものと思われる」（『岩波講座世界歴史』四〔岩波書店、一九七〇年〕、後に『儒教成立史の研究』〔岩波書店、一九九五年〕に収録）と述べている。

第三章　『従政』の竹簡連接と分節

湯浅邦弘

はじめに

一九九四年に上海博物館が入手した戦国時代の竹簡群は、二〇〇一年十一月に『上海博物館蔵戦国楚竹書（一）』（馬承源主編、上海古籍出版社）として『孔子詩論』『緇衣』『性情論』が公開され、二〇〇二年十二月には、同（二）として『民之父母』『子羔』『魯邦大旱』『従政』『昔者君老』『容成氏』の諸文献が公開された。

この内、第二分冊所収の『従政』は、公開済みの上博楚簡の中で、やや特殊な取り扱いを受けている。本資料は、担当者の張光裕氏によって整理・解読が進められたものであるが、公開された釈文では、二つに分篇され、書名も『従政（甲篇、乙篇）』と表記されたのである。

それによれば、甲篇は竹簡十九枚、字数五一九字、乙篇は六枚、百四十字。総計二十五枚、六五九字からなる文献である。簡長は完簡の場合四二・五～四二・八cm、編綫は三道。三十cm未満の残簡も多いが、編綫の位置・字体・内容などから、同一文献と判断した上で、甲乙に分篇し、竹簡の再配列が行われたようである。

ただ、なぜ甲篇、乙篇に二分しなければならないのかについては、充分な説明がなされていないように思われる。釈文冒頭の「説明」によれば、簡長や編綫の位置が二系統に分かれているとのことであるが、提供された写真版に基づく限り、甲篇・乙篇の間に、竹簡の形制や編綫の相違は認められない。字体についても、既に菅本大二氏が「行以」字を例として、甲乙両篇の類似性を指摘しているが[1]、他にも「曰」「不」「人」「之」「其」「従政」「藥（楽）」「善」など、同筆と思われる文字は多い。他の戦国楚簡の内、郭店楚簡『老子』が甲乙丙の三種に分類され、『語叢』が一から四に分篇された例はあるが、これらには竹簡の形制や字体に明瞭な相違があり、『従政』とはやや事情が異なるように思われる。

また、この分篇の問題に関連して、竹簡の連接についても不明な箇所が多い。釈文では、甲第六簡と甲第七簡は、それぞれの下端と上端の断裂状況が一致するので、もと一簡であったと指摘し、これを含め、次の三箇所について連接の可能性を指摘する[2]。

・「01（完簡）＋02（下欠）」
・「05（完簡）＋［06（下欠）＋07（上欠）］」
・「乙01（完簡）＋乙02（下欠）」

確かに、図1のように、06の下端と07の上端の形状は見事に一致しており、この点は、張光裕氏の指摘通りであろう。しかし、他の竹簡については、すべて前後の接続不明であるとされており、『従政』全二十五枚の竹簡の連接については、多くの謎を残していると言わざるを得ない。

図1　甲06簡と甲07簡との接続

このことが影響してか、内容の分析も現時点ではほとんど進んでいない。「従政」という書名は、簡文中に「従政」の語が散見することによる仮称であるが、本資料は文字通り、政治に従事する者の心得を説く文献である。簡文中に「仁」「義」「礼」などといった儒家の徳目が見えることから、張光裕氏は、儒家思想研究における意義を強調し、また、同じく役人の心得を説いた資料として睡虎地秦墓竹簡「為吏之道」との関係に注目している。

ただ、本資料と儒家思想とがどのように関わるのか、本資料と「為吏之道」とはどのような点において類似性を持つのか、などについての具体的な考察は進んでいない。もとよりその原因は、竹簡の連接自体が充分に解明されていないという点に求められよう。

そこで、本章では、まず『従政』の竹簡の配列・連接について再検討し、その全体像の把握に努めることとしたい。

一　竹簡配列の再検討

本資料の竹簡配列について、『上海博物館蔵戦国楚竹書（二）』釈文（以下、「釈文」と略称する）は、甲篇、乙篇に二分した上で、甲十九簡、乙六簡として配列する。しかし、前記の通り、甲乙の分割に必然性があるのか疑問であり、また前後の接続不明とされた簡が多数に上っている。

そこで、この釈文については、すでにいくつかの意見や疑問が提出されているが、『《上海博物館蔵戦国楚竹書（二）》読本』（季旭昇主編、万巻楼、二〇〇三年、以下、『読本』と略記する）は、釈文に対する種々の異説をまとめ、連接について総合的に検討を加えた上で、再配列案を提示した。『従政』を担当したのは陳美蘭氏である。

今、陳氏の総括に従って、改めて竹簡配列に関する主要な意見を列挙すると次の通りである。

【張光裕氏釈文】

・甲篇、乙篇に二分。

・「01（完簡）＋02（下欠）」、「05（完簡）＋［06（下欠）＋07（上欠）］」、「乙01（完簡）＋乙02（下欠）」の三箇所は連接、他の竹簡はすべて前後の接続不明。

【陳剣氏の連接】

・甲乙の分篇を取らず。次の三つの連接を認める。他は前後の接続不明とする。

・17（下欠）＋18（完簡）＋12（下欠）＋乙05（上欠）＋11（完簡）
・15（完簡）＋05（完簡）＋［06（下欠）＋07（上欠）］
・16（下欠）＋乙03（下欠）

【王中江氏の連接】

・甲乙の分篇を取らず。次の連接を認める。他は前後の接続不明とする。
・05（完簡）＋［06（下欠）＋07（上欠）］＋乙01（完簡）＋乙02（下欠）

【陳美蘭氏の連接】

・甲乙の分篇を取らず。全体の接合を次のように考える。
01（完簡）＋02（下欠）……03（下欠）……04（下欠）、15（完簡）＋05（完簡）＋［06（下欠）＋07（上欠）］……乙01（完簡）＋乙02（下欠）……08（完簡）……09（上下端残欠）……10（下欠）……13（下欠）……14（下欠）……①16（下欠）＋乙03（下欠）……17（下欠）＋18（完簡）＋②12（下欠）＋乙05（上欠）③、11（完簡）……④19（完簡、二九字、墨釘・留白あり）＋乙04（下欠）……乙06（下欠）……

このように、釈文が公開された後、『従政』の竹簡配列について、甲乙の分篇を支持する意見はない。すべて甲乙の区別を越えて配列を再検討しようとしている。その集大成とも言えるのが、右の陳美蘭氏の説である。[3] 陳氏は、まず甲乙の分篇を白紙に戻した上で、全体の接合を検討した。その結論として得られたのが、右の配列である。傍線および（　）内の注記は行論の便宜上筆者（湯浅）が加えたもので、「完簡」は竹簡に欠損のない完全簡、「下欠」は竹簡の下端が欠損しているもの、「上欠」は竹簡の上端が欠損しているもの、の意である。

ここで陳氏は、三種類の記号によって配列を提示しているので、まずその記号について確認しておきたい。「＋」は竹簡が完全に接合する意。例えば、完簡の01は02（下欠）に接合し、15と05はともに完簡で、完全に接合するという意味である。

次に、「……」は文脈上おおよその接続が認められるものの、完全に接合するのではなく、前後に欠簡または欠文があるとするもの。例えば、02は下端欠損簡であり、完全接合とは言えないものの文脈としては03（下欠）に接合する可能性があり、同様に、03は04（下欠）に接合する可能性があるとする。『従政』には残簡が多く、この「……」に分類される接合関係が多くなる。

例外は、波線で示した17（下欠）と18（完簡）である。17は下端欠損簡であり、後続簡との接合は当然「……」記号となる筈である。ところが、17簡の下端欠損はわずか数センチ、文字数にして二字程度であり、その二字も文脈から推定することが可能である。このことから、17と18の接合は、「……」ではなく「＋」とされているのである。

残る「、」記号は、前後簡の文義不接合という意味であり、04（下欠）と15（完簡）、乙05（上欠）と11（完簡）の二箇所がこれに該当するとされている。

陳氏の説は、種々の異説を総合的に検討したもので、その再配列案は概ね妥当であると評価できる。ただ私見によれば、なお四箇所について、問題点が残ると思われる。

第一は傍線部①で、16（下欠）と乙03（下欠）とを「＋」、即ち完全接合とする点である。16は簡長二五・一cm、字数二二字、乙03は三六・五cm、三二字である。従って、この両簡を直結すると六一・六cm、五四字となる。『従政』の内、完簡は九枚であるが、それらの簡長は四二・六cm前後、字数は三五字前後であるから、16と乙03とを本来一簡であったと考えることには物理的な問題があると言えよう。筆者は、この16の下端欠損部分に十字程度の文字があり、それで一簡、その簡に乙03を別簡として連接させるのが妥当ではないかと考える。

第二は傍線部②。12（下欠）と乙05（上欠）とを「＋」、即ち完全接合とする点である。この両簡については、簡長・文意から見ても接続の可能性は高く、この推測は概ね妥当であると思われる。ただ図2のように、12の下端と乙05の上端との断裂形状は一致していない。これは、06と07の断裂形状が見事に一致するのとはやや異なり、不連続の可能性も残ると言えよう。ただ、竹簡の欠損は、一度に生ずるのではなく、例えば、まず編綫部付近で大きく断裂した後、更に二次的な破断が生ずるという場合もあろう。従って、この両簡についても、そうした可能性を見込んでおくことも必要であるかと思われる。

図2　甲12簡と乙05簡との接続

第三は傍線部③で、乙05（上欠）と11（完簡）の接続である。後述のように、この両簡は文意の上からは接続させても良いと思われるが、『読本』は「、」（文義不接合）としている。「、」は単なる誤植の可能性もあるが、やや理解に苦しむ点である。

第四は傍線部④。19と乙04とを「＋」、即ち完全接合とする点である。これは、戦国楚簡全体に関わる、やや大きな問題を含んでいると思われるので、『従政』以外の文献にも目を配りながら検討しておきたい。

19は『従政』の中で特別な竹簡である。なぜなら、図3のように、墨釘の後を留白としているからである。19は完簡で文字数は二九字。文末に墨釘が打たれ、その後が白簡となっている。本来ならばあと七字程度文字が入っていても良い簡である。

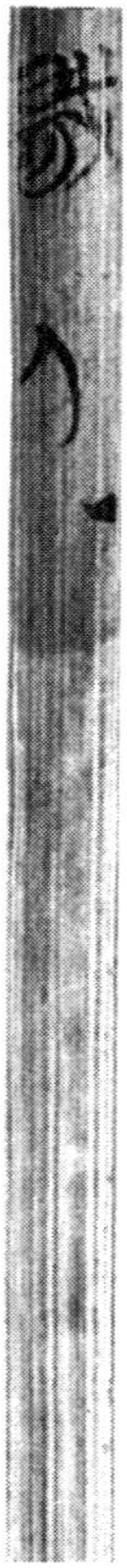

図3　甲19簡の墨釘と留白

戦国楚簡において、句読や分節を示すと思われる符号については、現在の所、その形状によって、大きくは墨釘・墨鉤・墨節などに分類されている。[4] この内、墨節は、竹簡の横幅いっぱいに引かれる太めの墨線であるため、概ね篇や章の末尾を表していると推測される。これに対して、墨釘と墨鉤は、句読点や章・篇の区切りを示すと思われるものの、それがどの程度の区切りの意識を反映しているのか未詳である。例えば、墨釘が現在の読点に、墨鉤が句点に相当するのか、またそれぞれの微妙な形状の相違は何を意味するのかなどは判然としない。また、符号の登場する頻度も、テキストごとに、あるいはテキスト内部でもまちまちである。

この『従政』については、区切り符号として墨釘が使用されており、その形は、方形というよりはやや楔形に近い形状でほぼ統一されているようであるが、頻繁に打たれている箇所があるかと思えば、文脈上当然墨釘があっても良いと思われる場所に打たれていないという有様で、整合的な理解は難しい。

これに対して、ほぼ確実なのは、符号を打った後の留白の意味であろう。これは、他の戦国楚簡においても見られる現象で、恐らくは、留白の直前で文意が完結し、その章や篇、あるいはその文献がそこで終わりになるとの意味であろう。

例えば、同じ『上海博物館蔵戦国楚竹書』第二分冊所収の『民之父母』は、最終簡の14簡冒頭六字目（冒頭の欠字一字を含む）に墨鉤が打たれ、以下留白となっている。『民之父母』は、『礼記』孔子閒居篇と重複する内容であるから、ここが文末であることは文意の上からも確認できる。また、『子羔』も、最終簡の14簡末尾に墨節が引かれ、以下留白。『魯邦大旱』も、最終簡の06簡末尾に墨節が引かれ、以下留白となっている。全53簡に及ぶ長大な文献『容成氏』については、末尾に墨釘などの符号は見られないものの、53簡の竹簡背面に「容成氏」と記されており、これが書名を表すと同時に、53簡が最終簡であったことを示している。

『上海博物館蔵戦国楚竹書』第一分冊所収文献について言えば、『緇衣』は、現行本『礼記』緇衣篇との関係で文末が特定できる訳であるが、そこには墨節があり、以下留白となっている。また『性情論』は文末に墨鉤、以下留白となっており、やはり同様の現象が見られる。なお、『孔子詩論』は文頭の01簡に前篇との区切りを示す墨節が見られるが、文末は竹簡残欠のため確認できない。(5)

更に、同・第三分冊所収文献では、『周易』は一卦分をほぼ一簡に筆写し、また朱・墨を組み合わせた六種の符号を使い分けるという特殊形態を取るので一応除外しておくと、『彭祖』が文末に墨鉤を打ち、以下留白としている。なお、『仲弓』は残簡が多く、文末・最終簡を確定できない。

一方、郭店楚簡でも、『緇衣』は、最終簡の47簡冒頭の四字目で墨釘、その後、若干の空白を置いて「二十又三」という緇衣内部の章数が記され、以下留白となっている。ここが文末であることは明らかであろう。『魯穆公問子思』は魯の穆公と子思と成孫弋との問答で構成される文献で、具体的な問答の状況から文末は明らかであるが、そこにも墨節があり、以下留白となっている。『窮達以時』と『五行』は、たまたま文末が最終簡の下端近くに位置していることから、それほど明確ではないものの、やはり墨釘が打たれ、以下若干の留白が見られる。

もっとも、『忠信之道』と『尊徳義』には、こうした現象が見られないが、これらはたまたま最終簡に相当する竹簡が欠損しているためと推測される。この二つを除けば、墨節の後が留白となっているものとして『唐虞之道』、墨鉤の後が留白となっているものとして『成之聞之』『性自命出』『六徳』を挙げることができる。

更に、『語叢』は短文から構成される文献で、やや性格は異なるが、それでも『語叢』一~四それぞれの末尾に墨釘が打たれ、以下留白となっている。また、同様に『老子』も、章の末尾と思われる箇所に、墨釘が打たれ留白を伴う場合がある。甲乙丙の三種写本の内、篇末が確認されるのは甲本と丙本であるが、甲本については、お玉杓子型の墨鉤が、丙本には方形の墨釘が打たれ、以下留白となっている。

このように、文末に記す符号には、墨鉤・墨釘・墨節などのバリエーションがあるものの、その後の留白の現象については、ほぼ同様に理解することができよう。従って、この『従政』19についても、やはりその可能性を重視しておく必要がある。張光裕氏がこの19を甲篇の末簡としたのは、この現象に注目したからではなかろうか。だとすれば、甲・乙の分篇には問題があるとしても、この簡を篇末とした判断は妥当であったと評価できる。これに対して『読本』は、この19に乙05を完全接合として連続させる訳であるが、墨釘・留白を飛び越えて、19末尾の文章が乙05の冒頭の「也」字に接続するというのは、やや苦しい理解である。筆者は、この墨釘・留白を重視して、19こそが『従政』全体の末尾であった可能性を提起しておきたい。

二　再配列案と分節

それでは、以上のような疑問点を念頭に置いて、『読本』の再配列を更に微調整するとどのようになるであろうか。その結果を次に図示してみる。

・01（完簡）＋02（下欠）（＋）03（下欠）（＋）04（下欠）

・15（完簡）＋05（完簡）＋［06（下欠）＋07（上欠）］（＋）乙01（完簡）＋乙02（下欠）＋08（完簡）＋09（上下端残欠）

・16（下欠）（＋）乙03（下欠）
・17（下欠）＋18（完簡）（＋）12（下欠）（＋）乙05（上欠）＋11（完簡）
・10（下欠）
・13（下欠）
・14（下欠）　前後の接続不明
・乙04（下欠）
・乙06（下欠）
・19（完簡、二九字、墨釘・留白あり）

この内、（＋）記号は『読本』の「……」記号に類似するもので、欠簡や欠文を含みながらも文意がほぼ連続すると思われる接合関係である。この結果、接合については、大きく四つのグループの連接を想定できる。また前記のように19を末尾に配置してみた。ただ、これによってもなお前後の接続を推定できない簡が五簡残る。これらについては、未詳とせざるを得ないが、一応、末尾の19の前に仮配置しておいた。

さて、これにより、多少の整理は進んだものの、依然として、全体の連接には多くの課題が残されている。それでは、やはり『従政』の内容面の検討は前進しないのであろうか。そこで、注目されるのは、本資料の構成上の特色である。

『従政』は、「聞之曰」を先頭とする聞き書きの体裁となっている点に、構成上の最大の特色がある。

「聞之曰」の語は『従政』中に十四箇所見えており、これを手がかりに分節すると、『従政』は十四の節から構成されていたことが分かる。加えて、「聞之曰」の語が確認できないものの内容的にまとまりのある節が他に四節程度あることも分かる。つまり計十八程度の節から構成されていることになる。

また、これらの節と節とは、緊密な論理によって連続しているという訳ではない。後述のように、冒頭の01には、やや総論的な性格が認められ、先述のように、19は墨釘・留白の現象から最終簡であったと推測されるが、それ以外は、仮に三番目の「聞之曰」で始まる節と四番目の節とを入れ替えたからといって、全く読み取りができなくなる訳ではない。各節は、「従政」という主題の中に緩やかな関係を持って配置されていると考えられる。ちょうど、『論語』において、特定の箇所を除き、「子曰」で始まる孔子の言葉を多少入れ替えても『論語』全体の読解に大きな支障を来すことがないのと同様である。

このことは、『従政』全体の竹簡配列を困難にしている要因であるとも言えるが、一方では、仮に竹簡全体の連接が確定できなくても、「聞之曰」や内容上のまとまりを手がかりにして、節単位の考察が可能であることを意味している。そうした検討の蓄積の上に立って、総合的に『従政』の思想内容を検討することは充分に可能であると思われる。

三 「聞之曰」による分節

そこでまずは、「聞之曰」の語を基準に『従政』内部の分節を検討してみよう。以下、便宜上、釈文の竹簡番号に沿って、「聞之曰」が認められる節を、①～⑭の節番号を付けながら列挙し、それぞれの内容を簡潔にまとめておく。引用する原文については、釈文や陳美蘭『読本』などの諸説を参考にして、筆者なりに釈読したものを掲載することとし、読解に問題がある点については、その都度注記することとする。？は釈文が未釈とする文字、□は竹簡の欠字箇所、【 】内の文字は、竹簡の欠字を補ったものである。また「■」は墨釘を示す。また、諸氏の見解を引用する際、特に出典を明示しないものは、『読本』に紹介された説である。詳しくは『読本』を参照されたい。

①01聞之曰、昔三代之明王之有天下者、莫之餘也[6]、而□取之[7]、民皆以爲義、夫是則守之以信、教02之以義、行之以禮也。其亂[8]、王餘人邦家土地、而民有弗義、□……03禮則寡而爲仁、教之以刑則遂■。

三代の王者の「治世」と「乱世」とを対比している一段である。竹簡の接合は必ずしも明確ではないが、概ね政治の良否を対照的に論じている節と考えられる。他の節が「従政」者について説くのに対して、この節は「三代之明王」から説き起こしており、やや視線が異なるとも言えるが、仮に本節が『従政』全体の冒頭部分であるとすれば、「従政」の前提や大原則を説いているのではないかと推測される。

「明王」の治世に関する説明の内、「之を守るに信を以てし、之に教うるに義を以てし、之を行うに礼を以てす」の部分は、「守」「教」「行」の手段として各々「信」「義」「礼」を挙げるもので、これに類似する文言は、伝世儒家系文献にも見える。『礼記』文王世子に「是故聖人之記事也、慮之以大、愛之以敬、行之以禮」、『左伝』隠公三年に「石碏諌曰、臣聞愛子、教之以義方」、『左伝』昭公六年に「昔先王議事以制、不為刑辟、懼民之有爭心也、猶不可禁禦、是故閑之以義、糾之以政、行之以禮、守之以信、奉之以仁」などとあるのがそれである。

また、02と03の連接はあくまで仮定であるが、もし接続しているとすれば、前段とは逆に、「乱」の状態、即ち手段を誤った場合が記述してあったと思われる。文末の「之に教うるに刑を以てすれば則ち遂ぐ」[9]は、「教」化の手段として「刑」を用いれば民はその刑を巧みに逃れて欲望を遂げようとすると説くもので、「乱」の一例となる訳であるが、これについて釈文は、同様の主旨を説いたものとして『論語』為政篇に「子曰、道之以政、齊之以刑、民免而無恥」とあるのを指摘する。また、『礼記』緇衣篇にもこれに類似する「子曰、夫民教之以德、齊之以禮、則民有格心、教之以政、齊之以刑、則民有遯心」との言が見える。

②03聞之曰、善人、善人也、是以得賢士一人、一人舉……04四鄰。失賢士一人、謗亦反是。是故君子慎言而不慎事。

「善人」による「賢者」の登用の重要性を説く一節である。まず、「善人とは人を善みするなり」と定義する。つまり、他者の能力を見抜いて高く評価し登用するのが「善人」なのである。そして、「善人」のそうした行為が最終的には「四隣」へと波及していくことを説いていると思われる。竹簡の欠損箇所は約十cm、文字数にして六～七字程度と思われるが、ここに「善人→賢士」と「四隣」の間をつなぐ論理が示されていたと推測される。

逆に、「賢士一人を失」った場合には、「謗も亦た是に反る」(10)、即ち有能な賢人を登用しなかったり、罷免したりすれば、非難の声が己の身に返ってくる。だから「君子は言を慎むも而して事を慎まず」、つまり、君子は賢人を評価する言葉には慎重であっても、賢人の登用という行動には躊躇がない、という。

ここで特に注目されるのは、右のような「善人」の定義である。釈文は、『論語』子路篇の「子曰、善人為邦百年、亦可以勝殘去殺矣。誠哉是言也」、「子曰、善人教民七年、亦可以即戎矣」などを指摘する。『論語』にはこの他、述而篇にも「子曰、聖人、吾不得而見之矣。得見君子者、斯可矣。子曰、善人、吾不得而見之矣。得見有恒者、斯可矣。亡而為有、虚而為盈、約而為泰、難乎有恒矣」、また先進篇にも「子張問善人之道。子曰、不踐跡、亦不入於室」と見える。

このように、『論語』にも「善人」の語は見えるが、本節のような定義は独特である。例えば、子路篇の「善人」が為政者であることは文意の上からも了解されるが、賢人の登用という内容を特に読み取ることはできない(11)。また、述而篇の「善人」は、「聖人」と対比されているが、「吾得て之を見ず」、つまりめったにお目にかかれないという点では「聖人」と同様であるとされる。先進篇のそれも、聖人の域には届かないものの、単に先人の跡を践んでいくだけの存在ではないとされている(12)。

③05聞之曰、従政、敦五德■、固三誓■、除十怨■。五德、一曰寬■、二曰恭■、三曰惠■、四曰仁■、五曰敬■。君子不寬則無06以容百姓■、不恭則無以除辱■、不惠則無以聚民■、不仁07則無以行政■、不敬則事無成■。三誓持行、見上卒食。

この節では、「政に従うには、五徳を敦くし、三誓を固くし、十怨を除く」と、「従政」の際に留意すべき事項として、「五徳」「三誓」「十怨」を挙げる。「五徳」とされるのは、「寛」「恭」「恵」「仁」「敬」の五者である。「三誓」「十怨」については、残念ながら竹簡残欠のため明確な読み取りができない[13]。

「五徳」の内容は、『論語』の堯曰篇と陽貨篇の一部を折衷したような趣がある。『論語』堯曰篇には「子張問於孔子曰、何如斯可以従政矣、子曰、尊五美、屏四悪、斯可以従政矣、子張曰、何謂五美、子曰、君子恵而不費、勞而不怨、欲而不貪、泰而不驕、威而不猛、子張曰、何謂恵而不費、子曰、因民之所利而利之、斯不亦恵而不費乎、擇可勞而勞之、又誰怨、欲仁而得仁、又焉貪、君子無衆寡、無小大、無敢慢、斯不亦泰而不驕乎、君子正其衣冠、尊其瞻視、儼然人望而畏之、斯不亦威而不猛乎」とある。つまり、『論語』の「五美」とは「恵而不費」「勞而不怨」「欲而不貪」「泰而不驕」「威而不猛」であり、内訳は異なるが、『従政』との類似性は高いと言えよう。

また、『論語』陽貨篇には、「子張問仁於孔子、孔子曰、能行五者於天下為仁矣。請問之、曰、恭寛信敏恵、恭則不侮、寛則得衆、信則人任焉、敏則有功、恵則足以使人」とあり、「恭」「寛」「信」「敏」「恵」を「五者」とする点も注目される。『従政』との相違は「信」「敏」のみである。但し、陽貨篇では、これら五者を天下に実践できる者が「仁」であるとされているのに対し、『従政』の「仁」は、張光裕氏が指摘する通り、他の徳目と並列関係にあり、「仁」の位置にやや相違が見られる。

いずれにしても、『論語』で「孔子曰」として記されている内容がここで「聞之曰」として記されているのは、特筆に価する。これは、『従政』の資料的性格を検討する際の大きな手がかりになると言えよう。

④08聞之曰、従政有七幾、獄則興、威則民不道■、鹵則失衆[14]■、猛[15]則亡親■、罰則民逃■、好【刑】09……
則民作亂■。凡此七者、政之所殆也[16]。

「従政」の際に留意すべき事項として「七幾」を挙げる一節である。「五徳」「三誓」が「従政」のプラス要因であるのに対して、「十怨」「七幾」はマイナス要因として列挙されていると思われる。「七幾」の内訳は、「獄」「威」「鹵」「猛」「罰」「好【刑】」まで確認または推測でき[17]、09に接続すると思われるが、09の上端欠損により七番目の内訳は未詳である。

「七幾」について、釈文は「事物之関鍵」「事物変化之所由生」とし、周鳳五氏は「為政者的七種不当措施」とする。『読本』は、釈文を支持して「七種容易引起危殆的事」とするが、釈読については、『説文解字』に「幾、微也、殆也」とあるのによって、「幾」のままで良いとする[18]。

⑤09聞之曰、志氣不至、其事不……

「従政」者の心構え「志氣」について述べた部分かと推測されるが、竹簡の欠損により、内容未詳である。

⑥【聞之】10曰、従政所務三■、敬、謙、信。信則得衆■、謙則遠戾、遠戾所以……

「従政」者の「務」めとして「敬」「謙」「信」の三者を挙げる一節である。この10冒頭は「曰」から始まっており、「聞之」の二字は確認できないが、この直前の竹簡（未詳）末尾に「聞之」の二字があったと推測される。

なお、「誂」字について、釈文は、『説文』に「誂、相呼誘也」、その段注に「後人多用挑字」とあるのを指摘し、「擇言」「擇善」の意に近いと説くが、『読本』は、それでは「敬」「信」とのバランスを欠くとして「謙」に読む。ここでは『読本』の説に従った。

⑦11聞之曰、可言而不可行、君子不言。可行而不可言、君子不行。

この節は、「君子」の言動について述べる。「言うべきも行うべからざれば、君子は言わず。行うべきも言うべからざれば、君子は行わず」とは、極めて慎重な言動を求めるものである。類似句が、郭店楚簡『緇衣』、上博楚簡『緇衣』、『礼記』緇衣篇に見えるが、そこではいずれも孔子の言として説かれている。このことを重視すれば、『従政』で「聞之曰」として記されている内容もすべて孔子から伝え聞いたこととされている可能性が高いであろう。

⑧13聞之曰、君子之相就也、不必在近昵樂……

竹簡の破損により、文意が取りにくいが、「君子」の仕事ぶりとして、馴れ合いにならないことを説く一節かと思われる。ここでの釈読は『読本』に従って、「君子の相就くや、必ずしも近きに在りて楽に昵まず」としておく。

⑨16聞之曰、君子樂則治正■、憂則【……】乙03復■。小人樂則疑■、憂則昏■、怒則勝■、懼則背■、恥則犯■。

「君子」「小人」の「楽」「憂」と「治」「乱」などとの関係を説く一節である。先述のように、『読本』は16と乙03とを直接接合させようとするが、それには問題があった。

本節は、まず16に「君子楽しめば則ち治正しく、憂うれば則」とあり、以下残欠となる。続く乙03には「復。小人楽しめば則ち疑い、憂うれば則ち昏れ、怒れば則ち勝らんとし、懼れば則ち背き、恥れば則ち犯す」のように、「小人」の「楽」「憂」「怒」「懼」「恥」の五つの状況が説かれている。「君子」と「小人」について、これらの要素が単純に対応しているかどうかは未詳であるが、構成の上からは、「君子」についても、「楽」「憂」の他、「怒」「懼」「恥」に対応する三つの状況が16末尾に記されていた可能性は高い。陳剣氏「上博簡《子羔》《従政》篇的竹簡拼合与編連問題小議」（『文物』二〇〇三―五）は、こうした対応関係を重視して、「君子樂則治政、憂則【□、怒則□、懼則□、恥則】復」のように復元を試みる。いずれにしても、16にはなお十字程度の文字があり、その後、乙03に接続していたと考えられる。

⑩18聞之曰、行在己而名在人、名難争也。

行動とそれに伴う名声との関係を説く一節である。「行いは己に在るも名は人に在り、名は争い難きなり」とは、「行」動を起こすことやその責任は自「己」にあるが、「行」に伴う「名」声・評価は他「人」

に関わるという意味であろう。それ故に、下句で「名は争い難し」とある。自己を離れた所に立ち上がる名声・評価については、自ら関わるべきではないとの立場を示したものと思われる。

この句について釈文は、「静」字を「争」に釈読する根拠として、郭店楚簡『老子』甲本05に「以其不静（争）也、古（故）天下莫能與之静（争）」とあるのを指摘する。釈読についてはその通りであるが、本節で「名は争い難し」とされる論理は、『老子』のそれとは異なるので注意を要するであろう。

なお、18（完簡）の後続について釈文は前後不明とするが、『読本』は12の「敦行不倦、持善不厭、雖世不識、必有知之」（行いを敦くして倦まず、善を持して厭わず。世識らずと雖も、必ず之を知る有り）に接続するとする。筆者もその可能性が高いと考える。その場合、本節は、君子は責任を持って行動するものの自らは名声を求めず、また、俗世間もそのことを知らないが、真に理解する者は必ずいる、という文意で連続していたことになる。『論語』学而篇の「人不知而不慍、不亦君子乎」が想起される一節である。

⑪19聞之曰、行險致命、飢滄而毋會、從事而毋訟、君子不以流言傷人■。［以下留白］

「君子」の行動について説く一節である。「聞之曰」以下四句の内、中間の二句には、釈読困難な文字が連続し、文意をつかみにくいが、一句目は、君子は危険を冒しても使命を果たす、あるいは真に意義あることについては危険を冒し命を投げ出すの意、四句目は、君子は流言で他者を傷つけるようなことはしない、の意であろう。先述のように、四句目の末尾に墨釘があり、その後が留白となっている。『従政』全体の末尾と推測される一節である。

⑫乙02聞之曰、……

「聞之曰」は確認できるが、以下残欠のため内容不明である。

⑬乙03聞之曰、従政、不治則亂■、治也至則□……

同様に、残欠のため詳細は不明である。

⑭乙04聞之曰、?誨而恭遜、教之勸也。温良而忠敬、仁之宗【也】。……

難読字があり、文意を取りづらいが、概ね、態度が恭遜であることが「教之勸」、「温良」「忠敬」が「仁之宗」であると説く一節であると思われる。部分的に、『礼記』内則・祭統・緇衣の各篇、『論語』為政篇などと類似している。

「教の勧なり」とは、『論語』為政篇の「季康子問使民敬忠以勸、如之何、子曰、臨之以莊、則敬、孝慈、則忠、擧善而教不能、則勸」を参考にすると、民を勧奨することのできるような教化の方法の意かと思われる。また、「温良」の語は、『礼記』内則篇に「必求其寛裕、慈惠、温良、恭敬、愼而寡言者、使為子師」、同・儒行篇に「温良者、仁之本也」、『論語』学而篇に「子貢曰、夫子温良恭儉讓以得之、夫子之求之也、其諸異乎人之求之與」などと見える。

以上、「聞之曰」を手がかりに十四の分節を行いながら、それぞれの内容について概要をまとめてみた。ただ、『従政』にはこれ以外にも、内容的にまとまりのある部分がいくつか存在する。これらは恐らく竹簡の残欠により「聞之曰」が確認できないだけで、本来は右の各節と同じように節としてのまとまりを持っていたと推測される。

四　その他の節

そこで、引き続き、「聞之曰」を確認できないものの内容的にまとまりのある節、を順次取り上げてみよう。

①14有所有餘而不敢盡之、有所不足而不敢弗【勉】。

過不足に応じての心構えを説く一節である。「余り有る所有るも敢て之を尽くさず、足らざる所有れば敢て勉めずんばあらず」とは、余裕がある時にも油断せず、不足の時には必ず努力すべきことを説くものである。

釈文は前後の接続未詳としながらも、文意については、『左伝』成公九年に「君子曰、恃陋而不備、罪之大者也、備豫不虞、善之大者也、莒恃其陋、而不脩城郭、浹辰之間、而楚克其三都、無備也夫、詩曰、雖有絲麻、無棄菅蒯、雖有姫姜、無棄蕉萃、凡百君子、莫不代匱、言備之不可以已也」とあるのを指摘する。また『読本』は、陳偉氏が『礼記』中庸篇の「庸徳之行、庸言之謹、有所不足、不敢不勉、有餘不敢盡、言顧行、行顧言」を引くのを指摘する。文末の欠字は、前句との対応や中庸篇の用例から、「勉」字の可能性が高いであろう。

②15毋暴、毋虐、毋賊、毋貪。不修不武、謂之必成則暴、不教而殺則虐■。命無時、事必有期則賊■。為利枉05事則貪■。

「従政」者として避けるべき行為を説く一節である。「暴なる毋かれ、虐なる毋かれ、賊する毋かれ、貪なる毋かれ」と「暴」「虐」「賊」「貪」の四つを挙げ、各々「修めず武せずして、之に必ず成せと謂うは、則ち暴。教えずして殺すは則ち虐。命に時無くして、事必ず期する有るは則ち賊。利の為に事を枉ぐるは則ち貪」と説明を加えていく。

直ちに想起されるのは、『論語』堯曰篇の「四悪」であろう。堯曰篇には、子張との問答として、「子張曰、何謂四悪。子曰、不教而殺、謂之虐、不戒視成、謂之暴、慢令致期謂之賊、猶之與人也、出納之吝、謂之有司」とある。

但し、『従政』と堯曰篇とでは「暴」「虐」の順序が逆になっている。また、堯曰篇に見える「有司」の語は『従政』にはなく、他の句と同様、一字で「貪」と記されている。堯曰篇との間に若干の揺れがあると言えよう。表現についても、「四悪」の内訳を説明する際、堯曰篇は、「〜〜謂之○」という句法で三句まで統一されているが、「有司」の語が登場する四句目のみ破格である。一方、『従政』は、「～～則〇」で四句とも統一されているが、一句目のみ「不修不武謂之必成則暴」と、「～～則〇」句の中に「～～謂之〇」句が挟み込まれる形となっている。

③【先】17人則啓道之、後人則奉相之、是以曰君子難得而易使也。其使人器之■。小人先之、則絆敔之。【後人】18則暴毀之、是以曰小人易得而難使也。其使人必求備焉■。

「君子」と「小人」とを対比する一節である。『論語』子路篇に見られる孔子の言が、ここでは「是以曰」として記されている。但し、両者には、重要な相違点もあり、そのことが『従政』の編纂意図にも関わると思われるので、その点については次章において改めて検討することとしたい。

④乙05君子強行、以待名之至也。君子聞善言、以改其11言、見善行、納其身焉、可謂學矣■。

「君子」の「名」と「学」について述べた一節である。「君子は行いに強《つと》めて、以て名の至るを待つ」とは、先の⑩節と同様の主旨を述べるものであろう。また、「君子は善言を聞きて以て其の言を改め、善行を見れば其の身に納む、学と謂うべし[19]」と、他者の善言・善行を鑑として自己改革を遂げることの必要性を説く。他者に学ぶこうした柔軟な姿勢が「学」と定義されるのも、本節の特色である。

おわりに

以上、上博楚簡『従政』の竹簡連接と分節の問題について検討を加えてきた。連接については、『読本』の成果を更に微調整し、また、19簡の取り扱いについて『読本』とは異なる意見を提示した。戦国楚簡における各種符号の意味については、なお不明な点も多いが、符号と留白との組み合わせの意味はほぼ明らかであろう。この『従政』においても、墨釘・留白の見られる19簡を全体の最終簡としておくのが妥当であると思われる。

分節については、「聞之曰」を手がかりに十四の節を確認することができた。また、竹簡の欠損により「聞之曰」が確認できないものの、節に相当すると思われるまとまりが更に四つ程度あることも推定された。従って、『従政』は、少なくとも十八程度の節から構成される文献であったと考えられる。ただ、それら節ごとの緊密な論理の展開というものは特に想定できず、全体は「従政」という主題のもとに緩やかな関係を持って配置されているように思われる。

また、各節の分量は、竹簡の残欠もあり確定的なことは言えないが、概ね数十字程度であると推測される。つまり『従政』は多くの節から構成されるとは言っても、郭店楚簡『語叢』のような短文の集積物ではない。しかしまた、長大な論理が延々と展開されたり、節の内部に更に問答体による議論が挟み込まれたりする、というような文献でもない。これは、「聞之曰」という一貫した聞き書きの体裁が各節の質と量を適度に制御しているからであろう。

では、内容的に注目されるのはどのような点であろうか。それは、「従政」者の理想像が「君子」として表現されていること、また、『論語』『礼記』など伝世儒家系文献における孔子の言と類似する文言が織り込まれていることである。

ただ、一口に「君子」「従政」と言っても、その意味する所は広く、また、孔子の言との類似性についても慎重な検討を要するであろう。これらについては、引き続き次章において検討を進めることとしたい。

注

(1)『新出土資料と中国思想史』(『中国研究集刊』別冊、二〇〇三年)所収の『従政』解題参照。

(2) 以下、『従政』の竹簡番号については、便宜上、張光裕氏の釈文に従うが、例えば、甲篇第一簡については01、乙篇第一簡については乙01などのように略記することとする。

(3) この他、インターネット上に発表されている札記類もあるが、ネット上の見解は後に修正や削除が行われることもあるので、ここでは、『読本』に紹介されているもので、読解に際して特に参考としたものを除き、それらを直接取り上げることはしない方針とした。

(4)『新出土資料と中国思想史』(『中国研究集刊』別冊、二〇〇三年)所収の「書誌情報用語解説」参照。

(5) 福田哲之氏「上海博物館蔵戦国楚竹書『子羔』の再検討」(『新出土資料と中国思想史』(『中国研究集刊』別冊、二〇〇三年)参照。

(6) 釈文が「餘」と釈読する文字は、文意未詳である(余す所なく統治するの意か)。『読本』は「予」と読み、三代の明王が自己の才能と徳行によって天下を獲得したのであり、誰かに与えられたのではない、という意に解す。但し、「自己の才能と徳行によって」という文意は原文からは読み取れない。その他の可能性として「舎(すてる、のぞく)」も考えられる。

(7)「而□取之」の欠字部分について、周鳳五氏はこの残筆と第十四簡の「盡」字とが近似しているとするが、写真版からは確認できない。類似表現として、『墨子』魯問篇に「昔者、三代之聖王禹湯文武、百里之諸侯也、説忠行義、取天下」とある。欠字は「取」を修飾する副詞である可能性が高い。

(8)『読本』は、「其亂、王予人邦家土地」と釈読した上で、この「人」は一般の人民ではなく、特定の「親信之人」であり、それら近親者のみに邦家土地を与えたため民はその行為を不義と見なしたと解す。また、『読本』は、これが具体的な歴史上の事件(燕王噲の禅譲)に関わる記述であると説き、それを基に、上博楚簡の成立時期を前三一八年(燕王噲禅譲事件)~前二七八年(楚遷都)の間と推定する。一方、周鳳五・陳偉の両氏は「亂王」で句読し、「明王」との対義語であるとする。『墨子』天志下篇や魯問篇には、「三代之聖王」と「三代之暴王」とを対比する用例が見られるが、「亂王」の用例は伝世文献に見えない。なお、「餘」を「舍」と釈読すれば、亂世の時代の王は、天下全体を包括するのではなく、一部の邦家・土地を見捨てるの意となる。

(9)釈文は隷定した「述」字を「遂」に釈読するが、陳偉氏および『読本』は「逐」に読み、法律の遺漏を衝いて利を逐うの意に解す。ここでは釈文に従った。

(10)釈文は「防亦反是」と釈読するが、『読本』は「謗亦反是」に読み、誹謗も己の身に返ってくる、の意に解す。劉楽賢氏は「謗亦随是」に読み、誹謗もそれに従って来る、の意に解す。ここでは『読本』に従った。

(11)子路篇の「善人為邦」について、皇侃『義疏』は、「善人」を「賢人」と理解し、また、「邦を為」めるのは「諸侯」であると説く。「善人教民七年」については、刑昺疏も「此章言善人為政之法也。善人謂君子也、即就也、戎兵也」と説き、善人を為政者とするが、本節のような理解は示さない。

(12) 劉宝楠『正義』は、述而篇とこの先進篇の「善人」はともに「諸侯」の意であると説く。

(13) 本簡の後には「十怨」に関する内容が接続する筈である。『読本』が指摘する通り、乙01簡「曰犯人之務、十曰口惠而不係……」がその一部であった可能性が高い。即ち、この間に「十怨、一曰……、九」に相当する内容があったと推測される。

(14) 「鹵」は『読本』の釈読に従う。「鹵莽」(荒っぽく不注意、おろそか、粗略)の意。『荘子』則陽篇に「君為政焉勿鹵莽、治民焉勿滅裂(君政を為すに鹵莽にすること勿かれ、民を治むるに滅裂にすること勿かれ)」とある。「失衆」について釈文は、『礼記』大学篇に「道得衆則得國、失衆則失國」とあるのを指摘する。

(15) 「猛」は『読本』に従う。

(16) 釈文は「政之所治也」と釈定するが、『読本』は「七幾」は政治にとってマイナス要因であるから、「所治」では意味が通らないとし、「政之所怠也」と釈読する。周鳳五氏は「政之所殆也」とする。『論語』微子に「已而、已而、今之從政者殆而」とある。ここでは周氏の見解に従った。

(17) 「好」の直後の欠字、釈文は「勇」、陳偉氏および『読本』は「型(刑)」を補う。

(18) なお、釈文は、上博楚簡『曾子』(未公開)に「是故耳目者、心之門也、好惡之幾(機)也」とあるのを紹介する。

(19) 釈文は、乙05と11の接続を想定しないので、11冒頭部を「言見善行、納其……」と句読するが、乙05との接続を考慮すれば、「言」の後で句読すべきであろう。

第四章　『従政』と儒家の「従政」

湯浅邦弘

はじめに

上博楚簡『従政』は、全体の分篇や竹簡の連接の問題が支障となって、その内容面の検討がほとんど進んでいない。そこで筆者は前章「『従政』の竹簡連接と分節」に於て、改めてそれらの問題について再検討を加え、『従政』が少なくとも十八程度の節からなること、甲・乙の分篇には必然性がないこと、釈文で甲19簡とされた竹簡が『従政』全体の末簡である可能性が高いこと、各節には『論語』『礼記』など伝世儒家系文献に於ける孔子の言と類似する文言が織り込まれていること、などを明らかにした。

本章では、その結果を踏まえ、『従政』の編纂意図や思想史的意義などについて考察を加えることとしたい。その際、特に留意すべき点は、本資料に於て「従政」者の理想像が「君子」として表現されることであろう。『従政』が理想とする「君子」「従政」者とはどのような人物なのであろうか。

また、本資料については、同じく役人の心得を説いた文献として睡虎地秦墓竹簡「為吏之道」との関係が指摘されている。『従政』と「為吏之道」との比較検討も必要となるであろう。

なお以下、『従政』の引用に際しては、便宜上、『上海博物館蔵戦国楚竹書（二）』（馬承源主編、上海古籍出版社、二〇〇二年）所収の張光裕氏釈文（以下、「釈文」と略記する）に従って竹簡番号を記すが、例えば、甲第一簡については01、乙第一簡については乙01などのように略記することとする。また、引用する原文については、釈文や『《上海博物館蔵戦国楚竹書（二）》読本』（季旭昇主編、万巻楼、二〇〇三年、『従政』の担当は陳美蘭氏。以下、『読本』と略記する）などの諸説を参考にして、筆者なりに釈読したものを掲載することとし、読解に問題がある点については、その都度注記することとする。？は釈文が未釈とする文字、□は竹簡の欠字箇所、【　】内の文字は、竹簡の欠字を補ったものである。また墨釘や重文号などの符号類は省略した。

一　「君子」と「従政」

まず、本資料に於ける「君子」「従政」者とは、主にどのような人を想定しているか検討してみよう。改めて本資料に登場する「君子」を確認すると、次の八箇所が指摘できる。

①03聞之曰、善人、善人也、是以得賢士一人、一人舉……04四鄰。失賢士一人、謗亦反是。是故君子慎言而不慎事。

②05君子不寛則無06以容百姓。

③11聞之曰、可言而不可行、君子不言。可行而不可言、君子不行。
④乙05君子強行、以待名之至也。君子聞善言、以改其11言、見善行、納其身焉、可謂學矣。
⑤13聞之曰、君子之相就也、不必在近昵樂……
⑥16聞之曰、君子樂則治正、憂則【……】乙03復。
⑦17是以曰君子難得而易使也。
⑧19君子不以流言傷人。

この内①は、「善人とは人を善みするなり」という「善人」の定義から説き起こすものであるが、最終的には、「是の故に君子は言を慎むも而して事を慎まず」とされており、「善人」「君子」がほぼ同意で使われていると思われる。つまり、「善人」「君子」は他者を評価する「言」については慎重に、しかし賢者を登用するという行動については果敢にする、ということであろう。とすれば、この「善人」「君子」は、国政に参与し、「賢者」を登用することができるような地位にあることが前提となる。前章で取り上げた『論語』の用例でも、「善人」は単なる善良な人という意味ではなく、国政を執る為政者として理解することができた。

こうした「君子」の性格は、②の「君子寛ならざれば則ち百姓を容るる無し」にも窺える。この「君子」も、単なる人格者というのではなく、広く民の統治に関わる人物として描かれているであろう。⑥も竹簡の残欠で全体の文意はつかみにくいが、「君子楽しめば、則ち治正し」と、やはり君子の「楽」という精神状態が統治の正しさに直結すると説いている。

一方、「従政」の語は次の四箇所に見える。

・05聞之曰、従政、敦五徳、固三誓、除十怨。五徳、一曰寛、二曰恭、三曰惠、四曰仁、五曰敬。君子不寛則無06以容百姓、不恭則無以除辱、不惠則無以聚民、不仁07則無以行政、不敬則事無成。三誓持行、見上卒食。

・08聞之曰、従政有七幾、獄則興、威則民不道、鹵則失衆、猛則亡親、罰則民逃、好【勇】09……則民作亂。凡此七者、政之所殆也。

・【聞之】10曰、従政所務三、敬、謙、信。信則得衆、謙則遠戾、遠戾所以……

・乙03聞之曰、従政、不治則亂、治也至則□……

これらに共通するのは、「従政」の要点を「五徳」「七幾」「三」などとして概括的に論ずる一方、それが民の支持や国政の是非に大きな影響を与えるとする点である。つまり、右の「君子」同様、それらの要件は、単にその「従政」者の内面的徳性を言うのではなく、それらを履行することにより、「百姓を容」れることができたり、「民を聚」めたり、行政を的確に行ったり、事業を成就したりできると説くのである。これは、「君子」「従政」者が決して末端の「吏」などではなく、国政を左右できる立場にあることを示唆している。「従政」とは、相当に重い意味を持っていたとしなければならない。

それでは、こうした「従政」理解に問題がないかどうか、念のため伝世儒家系文献の中で、「従政」がどのように説かれているのかを確認してみたい。まず『論語』を除く関係資料を以下に列挙する。

①御史掌邦國都鄙及萬民之治令、以贊冢宰。凡治者受法令焉、掌贊書。凡數従政者。(『周礼』春官宗伯・

御史）

②凡三王養老、皆引年。八十者、一子不従政、九十者、其家不従政、廢疾非人不養者、一人不従政、父母之喪、三年不従政、齊衰大功之喪、三月不従政、將徙（徙）於諸侯、三月不従政、自諸侯來徙家、期不従政。（『礼記』王制篇、内則篇にもほぼ同文あり）

③三年之喪、祥而従政、期之喪、卒哭而従政、九月之喪、既葬而従政、小功緦之喪、既殯而従政。（『礼記』雑記下篇）

④伍参言於王曰、晋之従政者新、未能行令。（『左伝』宣公十二年）

⑤従政一年。（『左伝』襄公三十年）

⑥子産之従政也、擇能而使之、馮簡子能斷大事。（『左伝』襄公三十一年）

⑦我先君穆公之冑、子良之孫、子耳之子、敝邑之卿、従政三世矣。（『左伝』昭公七年）

⑧王曰、歸、従政如他日。（『左伝』昭公二十年）

⑨季孫曰、子家子亟言於我、未嘗不中吾志也。吾欲與之従政、子必止之、且聽命焉。（『左伝』定公元年）

⑩天王使仍叔之子來聘。仍叔之子者何、天子之大夫也、其稱仍叔之子何、譏、何譏爾、譏父老、子代従政也。（『公羊伝』桓公五年）

⑪冬、曹伯使其世子射姑來朝。諸侯來曰朝、此世子也、其言朝何、春秋有譏父老、子代従政者、則未知其在齊與、曹與。（『公羊伝』桓公五年）

①は『周礼』の用例で、「公卿」以下「胥徒」に至るまでの官僚について「従政者」とするものである。

鄭注に「自公卿以下至胥徒凡數、及其見在空缺者。鄭司農讀言掌贊書數。書數者經禮三百、曲禮三千、法度皆在。玄以為不辭、故改之云」と説く。包括する範囲はかなり広いと言えよう。

②は『礼記』の用例で、卿大夫士から庶人に至るまでの「養老」「喪」「徙遷」の場合の「不従政」について述べるものである。孔穎達疏に「此一節明養致仕老及庶人老給賜之事、各依文解之」とある。「將徙至従政」については、「此謂大夫采地之民、徙於諸侯為民、以其新徙、當須復除。但諸侯地寛役少、為人所欲、故惟三月不従政」とあり、また「自諸侯來徙於家」については「謂諸侯之民、來徙於大夫之邑、以大夫役多地狹、欲令人貪之、故期不従政」と説く。同様に、士大夫の喪中の「不従政」について説くのが③である。

④から⑨までは『左伝』の用例である。まず④は、楚王の寵臣「伍参」が会戦を進言する際に、敵（晋）の「従政者」は新人で命令が徹底できないと述べたものである。この場合、「従政」者は、具体的には晋の中軍の将である旬林父を指す。

⑤は鄭の子産について説くもので、子産が政務を執って一年という意味である。⑥も同様で、子産の「従政」について述べたものである。有能な者を登用した点が「従政」の具体的内容として高く評価されている。⑦は、子産が良霄（伯有）の家柄について述べたものである。良霄は鄭国で三代続いた「卿」の「従政」者の家柄であると説明されている。

⑧は、楚王（平王）が城父司馬の奮揚に対して、城父の地に帰ってこれまで通り政務に従事せよと命令したものである。⑨は、魯の季孫（季平子）の言で、子家子（子家羈）とともに政治にあたるという意味

である。

⑩は『公羊伝』の用例で、「天子之大夫」たる「仍叔之子」について、「父老」に代わって「従政」する点が批判されている。⑪も同様である。

このように、伝世儒家系文献に於て「従政」の語は数多く見られる。その意味するところは、要するに政務に従事するということで、さまざまなランクの「従政」者が包括されていると言える。ただその中でも特徴的なのは、国家の重臣や世継ぎの地位にある者が想定されている場合である。具体的に特定できるのは、鄭の子産、鄭の良霄（伯有）（代々卿の家柄）、楚の城父司馬の奮揚、魯の子家子（子家羈）などであり、彼らは、王や君主ではないものの、直接国政に参与し、国家の運営に強い影響力を持つ従政者として描かれている。

もっとも、これらと異なる用例がない訳ではない。『詩経』国風召南殷其雷の詩序に「殷其雷、勸以義也。召南之大夫遠行従政、不遑寧處、其室家能閔其勤勞、勸以義也」とあり、これは、出役した夫の帰りを待つ婦人の詩の中で、「召南之大夫」について「遠く行きて政に従」うとするものである。集伝は「婦人其の君子従役して外に在るを以て之を思念す」と説く。つまり、賦役に従事するという意味になる訳であるが、こうした用例はむしろ例外的である。また、『礼記』哀公問篇に「公曰、敢問何謂為政、孔子對曰、政者正也、君為正、則百姓従政矣、君之所為、百姓之所従也、君所不為、百姓何従」とあるのは、君主の政治に「百姓」が従う意で、やはり例外としておくべきであろう。百姓が執政する訳ではない。

それでは、上博楚簡『従政』との類似点も多かった『論語』に於て、「従政」はどのように見えるであろうか。

①季康子問仲由可使從政也與、子曰、由也果、於從政乎何有、曰、賜也可使從政也與、曰、賜也達、於從政乎何有、曰、求也可使從政也與、曰、求也藝、於從政乎何有。（雍也篇）

②子曰、苟正其身矣、於從政乎何有、不能正其身、如正人何。（子路篇）

③子貢問曰、何如斯可謂之士矣。子曰、行己有恥、使於四方、不辱君命、可謂士矣。曰、敢問其次。曰、宗族稱孝焉、鄉黨稱弟焉。曰、敢問其次。曰、言必信、行必果、硜硜然小人哉（也）、抑亦可以為次矣。曰、今之從政者何如、子曰、噫、斗筲之人、何足算也。（子路篇）

④楚狂接輿、歌而過孔子曰、鳳兮、鳳兮、何德之衰、往者不可諫、來者猶可追、已而、已而。今之從政者殆而、孔子下、欲與之言、趨而辟之、不得與之言。（微子篇）

⑤子張問於孔子曰、何如斯可以從政矣、子曰、尊五美、屏四惡、斯可以從政矣、子張曰、何謂五美、子曰、君子惠而不費、勞而不怨、欲而不貪、泰而不驕、威而不猛、子張曰、何謂惠而不費、子曰、因民之所利而利之、斯不亦惠而不費乎、擇可勞而勞之、又誰怨、欲仁而得仁、又焉貪、君子無衆寡、無小大、無敢慢、斯不亦泰而不驕乎、君子正其衣冠、尊其瞻視、儼然人望而畏之、斯不亦威而不猛乎、子張曰、何謂四惡、子曰、不教而殺、謂之虐、不戒視成、謂之暴、慢令致期謂之賊、猶之與人也、出納之吝、謂之有司。（堯曰篇）

①は、魯の家老の季康子が、子路・子貢・冉求（子有）それぞれについて「從政」させることが可能な人物であるかと孔子に質問したのに対し、孔子が三人とも「從政」可能であると批評したものである。評

価の理由は、子路については「果（果断である）」、子貢は「達（道理に通達している）」、子有は「藝（才能豊かである）」というものであるが、この内、冉求・子路は「孔門十哲」の「政事」に名が挙げられており、政治的能力が高いとされていたことが分かる。

この「従政」という語について、朱子『集注』は「從政、謂爲大夫」と説き、張自烈『四書大全辨』も「爲政者君、執政者卿、從政者大夫也」と解する。この点については、「従政」の類縁概念である「為政」を検討する際に改めて取り上げてみよう。

②は孔子の言葉で、「従政」の際にまず己の身を正すことの重要性を説いたものである。刑昺疏に「正義曰、此章言政者正也。欲正他人、在先正其身也。苟誠也。誠能自正其身、則於從政乎何有言不難也」とある通り、「他人を正す」立場の執政者について言ったものである。

③に於て、子貢は初め「何如なれば斯ち之を士と謂うべきか」と「士」について問い、その「次」は、その「次」はと、ランクを下げながら問いを続け、最後は「（今之）従政者」について質問している。初めの問いに対する孔子の答えは、「行己有恥、使於四方、不辱君命」というものである。孔子も、「士」たる「従政」者とは本来このような重責を担う人だったと考えていた訳である。なお、孔子が「何ぞ算うるに足らんや」とした「今之従政者」について、朱子『集注』は「蓋如魯三家之屬」と説いている。

④は、楚の「狂接輿」が、執政の意欲を持つ孔子に対して「今之従政者殆而」と揶揄したものと考えられる。

⑤は堯曰篇の一節であり、子張と孔子との問答によって構成されている。「如何なれば斯れ以て政に従

うべき」という子張の問に対して、孔子は「五美を尊び、四悪を屏くれば、斯れ以て政に従うべし」と答えている。「従政」の条件としてかなり高い基準が設定されていると考えられるが、先述の通り、上博楚簡『従政』との類似点として注目される一段である。この「従政」も、例えば、「五美」の一番目の要素についての説明で「民の利する所に因りて之を利す、斯れ亦た恵して費さざるにあらずや」とある通り、やはり「民」の統治ということが念頭に置かれている。そこで、例えば『論語義疏』も「言爲政之道、能令民下荷於潤惠、而我無所費損、故云惠而不費」とか、「四悪」についての注解の中で「爲政之道必先施教、教若不從、然後乃殺」などと、これを「為政」と言い換えて注釈を施している。

なお、この堯曰篇について改めて想起されるのは、「古論語」の篇次に関する旧説である。魯論語、斉論語、古論語の内、古論語はもともと堯曰篇後半の「子張問」以下を別篇として「子張問」篇とし、計二十一篇から成っていたという。(1) また、その刑昺疏に「如淳曰、分堯曰篇後子張問、何如可以從政以下為篇名、曰從政。其篇次又不與齊魯論同。新論云、文異者四百餘字」とあるように、この堯曰篇後半を、古くは「従政」篇と称していたという説もある。「従政」は、儒家にとって極めて重要な概念であり、『論語』の一篇を構成するほどの意義を有していたということになろう。

ところで、「従政」の類縁概念として、ここで「為政」にも注目しておきたい。右のように、『論語義疏』が「従政」を「為政」と言い換えて注釈を施しているように、政治に携わるという点では、「従政」「為政」はほぼ同意だと考えて良いであろう。

『論語』為政篇では、孔子が「政を為すに徳を以てす」と述べ、また、ある人が孔子に対して「子、奚ぞ政を為さざらんや」と皮肉を浴びせる。また、子路篇では「衛の君、子を待ちて政を為さば、子は将に奚をか先にせんとす」と子路が問い、顔淵篇では、季康子が政治について質問したのに対して孔子が「子政を為すに、焉んぞ殺を用いん」と答えたりしている。これら「為政」の語を「従政」と置き換えても、文意にはさほど大きな違いは生じないと考えられる。いずれも国政に参与する点では、類似の概念であると言えよう。

ただ、強いて違いを見出すとすれば、「為政」の側には、国政の実権を掌握する執政者を、特に念頭に置いている場合があるという点であろう。為政篇の用例については、荻生徂徠『論語徴』が「為政、秉政也」と言い換えている。ほぼ「執政」と同意であるということであろう。また子路篇の用例では、「為政」の主体は衛の君主であり、顔淵篇の場合は、魯の実権を握る家老の季康子ということになる。

また、前記のように、雍也篇の「従政」解説に於て、「為政」と「従政」との相違を執政者の身分の差とする見方もあった。その場合、「為政」者とされるのは「君主」であり、「従政」者とされるのは「大夫」であった。もっとも、両者の相違を単なる身分差と捉えて良いか、特に「従政」者を「大夫」に特定して良いかについては、右の『左伝』の用例からも、やや疑問が持たれる。ただ「為政」者が「君」または事実上それに代わる執政者を指している場合がある点には十分留意すべきであろう。

こうした「為政」の用例を『左伝』から挙げれば、斉公について、「懿公の政を為すに順わざればなり」（文公十四年）とあり、また、「為政」者として「范宣子」（襄公二十四年）や「趙文子」（襄公二十五年）などが挙げられる場合もある。更に、鄭の子産については、「従政」者として挙げられる例を先に指摘したが、一方で、「為政」者とされる場合もある。襄公三十年条では、鄭子皮が子産に国政を「授」けようとし、子産は一旦辞退した後に受諾し、「政を為す」と記されている。子産は鄭の君主ではないが、鄭子皮から国政を委ねられ、事実上の最高責任者として執政したということであろう。その子産が亡くなる直前には、次の執政者となることが予想された子の大叔に対して、「我死せば、子必ず政を為さん」（昭公二十年）と述べている。

また、陽虎が斉の実権を掌握したことについて、定公七年条では、「陽虎、之に居りて以て政を為す」とされている。陽虎は、魯の季平子に仕えていた大夫で、反乱を起こして斉に逃れた。言わば権力の簒奪者であって、君主でも卿でもないが、力による政権の掌握を果たし、一時的ではあるが実際に国政を動かしたことにより、「為政」と記されているのであろう。

このように、「為政」は、君主か卿か大夫か簒奪者かなどは別として、事実上国政を掌握した者が執政することを言っている場合がある。もちろん、子産の例のように、それを「従政」とも「為政」とも言う場合があり、明確な区分はできない。ただ、右のような「為政」の例は、逆に「従政」とは何かを考える際の一つの手がかりとなり、更には、上博楚簡『従政』が、なぜ「為政」ではなく「従政」の語を使うのかを考える場合にも重要な指標となるであろう。

この点については、改めて総合的な判断を下すこととし、次に、『従政』との関連が指摘されている睡虎地秦簡について考察を進めてみよう。

二　睡虎地秦墓竹簡の「吏」

一九七五年に発見された睡虎地秦墓竹簡は、秦の統治の実態を明らかにする貴重な資料として注目され、既に多くの研究が蓄積されている。筆者も、秦律の内容の分析によって秦の法治の理念を析出する一方、「語書」や「為吏之道」の分析を通して秦の法思想と末端統治との関係について検討したことがある。(2)

この内、『従政』との類似性が指摘されている「為吏之道」は、吏の心得をほぼ四字句ずつにまとめた文書である。全体は竹簡五十一枚、全五段に筆写されている。第一簡第一段冒頭に「・凡為吏之道」とあり、読者は、ここから第一段を右から左へと読んだ後、再び第一簡に戻って二段目を右から左へと読み進む。(3)以下同様にして、第三段、第四段、第五段へと視線を移動することとなる。文末は第三十七簡の五段目である。こうした形態から、「為吏之道」は、掲示や暗唱などの用途をも考慮して筆写されたものではないかと推測される。

内容は、やや複雑である。同時に発見された「語書」が南郡太守の布告文で、秦の法治の貫徹を指示する内容であったのに対し、「為吏之道」は、その基本的な性格をどのように捉えるかについて、法家的であるとするもの、あるいはむしろ儒家的であるとするものなど、異なる意見が提出された。そうした背景には、「為吏之道」の内容が多岐にわたり、単純に法家的か、儒家的かという観点では割り切れないという事情が考えられる。

この内、儒家的だとされる部分は、例えば次のようなものである。(4)

・吏有五善。一曰忠信敬上、二曰清廉毋謗、三曰擧事審當、四曰喜為善行、五曰恭敬多讓。五者畢至、必有大賞。(吏に五善有り。一に曰く忠信にして上を敬う。二に曰く清廉にして謗ること毋し。三に曰く事を挙ぐるに審らかに当たる。四に曰く喜びて善行を為す。五に曰く恭敬にして譲ること多し。五者畢く至れば、必ず大賞有り。)(二06〜12)

・吏有五失。一曰誇以泄、二曰貴以泰、三曰擅裚割、……五曰非上、身及於死。(吏に五失有り。一に曰く誇りて以て泄(奢侈)、二に曰く貴くして以て泰、三に曰く擅に裚割す、……五に曰く上を非る。身死に及ぶ。)(二13〜32)

ここには吏の「五善」として、「忠信」や「恭敬」など、確かに儒家の徳目を想起させる語が見られる。しかし、その内容は必ずしも儒家的とは言えず、「五失」との対応を考えれば、むしろ法家的観点、中央集権的発想で統一されているとも言える。なぜなら、この「五善」「五失」は、最終的に「五者畢く至れば、必ず大賞有り」「身死に及ぶ」など信賞必罰の思考によって包括されているからである。従って、「忠信」や「恭敬」なども、いわゆる儒家の徳目として列挙されているのではなく、信賞必罰を機能させるための指標として提示されているのである。

また、次のような一節もあり、儒家的徳目を提示したものとして注目されている。

君懐臣忠、父慈子孝、政之本也。志徹官治、上明下聽、治之紀也。(君懐にして臣忠、父慈にして子孝なるは、政の本なり。志徹して官治まり、上明にして下聴くは、治の紀なり。)(二46〜49)

ただ、これも単純に儒家的と言えるかどうかは疑問である。つまり、ここでは、一見儒家的と思われる要素「君懐臣忠、父慈子孝」を「政之本」、それとは逆に法家思想を彷彿とさせる機能的要素「志徹官治、上明下聴」を「治之紀」として統合しているのである。即ち、この一段は、単に諸思想が雑然と併置されているのではなく、これら両要素が一つの文脈の上に意図的に折衷されていると考えられよう。

このように、「為吏之道」には、一見儒家的と思われる内容も見られるが、『従政』と対照してみれば、その差違は歴然としている。「為吏之道」で儒家的とされるのは、「忠信」や「恭敬」などあくまで一部の語であり、しかもそれは信賞必罰的な文脈の中に包摂されるものであった。これに対して『従政』は、『論語』や『礼記』など伝世儒家系文献と内容面に於ける類似性が極めて高い。中には、孔子の言葉と酷似する文言も「聞之曰」として記される場合があった。また「従政」者の理想の姿が「君子」とされることもあった。「為吏之道」とは明らかに編纂の意図が異なると言えよう。

一方、「為吏之道」には、『従政』には存在しない次のような要素が見られる。

治則敬自頼之、施而息之、寧而牧之。聴其有矢、従而則之、因而徵之、將而興之、雖有高山、鼓而乘之。（治むるには則ち敬いて之を頼み、施して之を息め、寧して之を牧う。其の矢（陳述）有るを聴き、従いて之を則し、因りて之を徵し、将いて之を興せば、高山有りと雖も、鼓して之に乗ぜしむ。）（四14～23）

これは、「為吏之道」の道家的性格を示すとされる部分である。この内、「施而息之、寧而牧之（民に施しをして休養を取らせ、安寧にして養う）」の部分のみを取り出せば、民への配慮や柔軟な対応を示すという点で道家思想を反映する一段とも取れるが、やはり、これも前後の文脈全体に注目する必要があろう。確かに前半部は民の側への柔軟な対応を説いているが、後半部は、そのようにして教化した民を「雖有高山、鼓而乘之（高山有りと雖も、鼓して之に乗ぜしむ）」「興之必疾、夜以接日（之を興すには必ず疾くし、夜以て日に接ぐ）」（四32～33）のように、厳格な態度で使役することの必要性が説かれている。つまり、この一段には、末端の統治を柔から剛へと段階的に推進しようとする発想が窺えるのである。

これ以外に、同じく道家思想的であるとされる箇所、例えば、「除害興利、慈愛万姓（害を除き利を興し、万姓を慈愛せよ）」（一50～51）、「変民習俗（民の習俗を変えることに慎重であれ）」（三40）という共同体の習俗への配慮も、単に道家思想の「柔弱」を説くものではなく、あくまで、法治の貫徹を最終目標とする一つの統治術と考えることも可能であろう。

更に、「為吏之道」には、民や地域社会との関係について説く部分、所轄の周辺環境への留意点を説いた部分などもある。『従政』も、大局的な見地から「民」に言及することはあるが、「為吏之道」の視野は、あくまで統治の現場に限定されている印象を受ける。例えば、「審知民能、善度民力」（一18～19）というのは、民の能力の実態を正確に把握せよというもので、『従政』の「人を善みす」という態度に類似するとも言えるが、やや性格は異なるであろう。「為吏之道」で把握せよとされているのは、あくまで所轄の「民」の実態であり、賢者として登用すべき隠れた才能ではない。

また、留意すべき周辺環境として示されるのは、「城郭官府」（三08）など中央官庁にも共通するものもあると言えるが、多くは「門戸関鑰」（三09）、「阡陌津橋」（三14）、「倉庫禾粟」（三20）、「水火盗賊」（三

25)、「衣食饑寒」(三31)「畜産肥胔」(三35)など、末端統治の現場を前提とするものであると考えられる。総じて、「為吏之道」で求められているのは、統治の現場に於ける吏のあり方、特に占領地政策に於て摩擦をいかに緩和するかという点にあると思われるが、そうした傾向は『従政』からは特に読み取れない。

確かに、張光裕氏の指摘する通り、役人が自己の言葉を慎重にすべきであるとの要素は、『従政』にも「為吏之道」にも窺うことができる。釈文は、『従政』乙01の「十曰口惠而不係」(口先だけは恵み深いことを言っておきながら実態がそれに伴わない)について、「為吏之道」の「戒之戒之、言不可追」(四48)(戒めよ、戒めよ。一旦口にした言葉は追いかけて取り戻すことはできない)を同意として指摘している。また「為吏之道」には同様の主旨を説いたものとして、他に「慎之慎之、言不可追」(二35)、「口、關也。舌、機也。一曙失言、四馬弗能追也」(五29~31)などもある。しかし、これらは言葉を慎重にせよという程度の共通点に過ぎない。役人の留意点として当然のことを述べたものであり、これをもって両者の間に強い共通性があったとまでは言えないであろう。

また釈文によって指摘される、『従政』と「為吏之道」との具体的な共通点はこれ一箇所である。同じく役人の心得を説く文献とはいえ、実際の類似性がそれほど高くないのは、その想定する役人のレベルや文献編集の意図がそもそも大きく異なっていたからではなかろうか。

こうした両者の性格の相違は、「為吏之道」と同時に出土した「語書」からも裏付けることができる。「語書」は、秦王政の二十年(紀元前二二七年)四月、南郡守騰が治下に発布した文書で、そこには、「良吏」「悪吏」を明快に定義した箇所が見られる。

・凡良吏明法律令、事無不能也。又廉潔敦愨而好佐上、以一曹事不足獨治也。故有公心、又能自端也、而悪與人辦治、是以不争署。（凡そ良吏は、法律令に明らかにして、事能くせざる無し。又廉潔敦愨にして上を佐くるを好み、一曹事を以て独治するに足らずとするなり。故に公心有り、又能く自ら端《ただ》し、而して人と辨治するを悪む。是を以て署を争わず。）

・悪吏不明法律令、不知事、不廉潔、無以佐上、偷惰疾事、易口舌、不羞辱、輕悪言而易病人、無公端之心、而有冒抵之治、是以善訴事、喜争署。（悪吏は法律令に明らかならず、事を知らず、廉潔ならず、以て上を佐くる無く、偷惰にして事を疾《にく》み、口舌し易く、羞辱あらず、軽く悪言して易く人を病み、公端の心無く、而して冒抵の治有り。是を以て善く事を訴え、喜びて署を争う。）

このように、良吏・悪吏を分かつ基準は、法律令に精通しているか否か、吏としての職分を遵守し越権行為をしないかどうかなど、主として法治主義下に於ける勤務態度と実務能力であることが分かる。「語書」は、このように吏の良・悪を定義し、その重要性を強調する。これは、「以吏為師」（『韓非子』五蠹篇）という思想が統治の現場でも実際に重視されていたことを物語っているであろう。

但し、その吏とは、あくまで末端統治の現場に於て活動する小吏であり、中央官庁の高官などではない。

「語書」は、「吏」をこのように定義するとともに、次のように述べる。

①今法律令已具矣、而吏民莫用、郷俗淫泆之民不止。（今、法律令已に具わるも、而して吏民用いる莫く、郷俗淫泆の民止まず。）

②令吏民皆明知之、毋至於罪。（吏民をして皆明らかに之を知り、罪に至ること毋からしむ。）

③今法律令已布、聞吏民犯法為閒私者不止、私好、郷俗之心不變。（今、法律令已に布かるるも、吏民の法を犯し閒私を為す者止まず、私好・郷俗の心変わらざるを聞く。）

①は、法律令が完備したにも関わらず統治が貫徹しない原因の一つを「吏民」に求めている。つまり、吏が秦の法律令を民に明示していない、あるいは吏と民が癒着し一体となっているから郷俗が改良されないというのである。ここでは、「吏民」が一括して非難される対象となっている。

そこで南郡守騰は、②のような追加措置により、吏民に対して法律令の徹底と遵守を指示したとする。しかしこうした措置によってもなお、③のように、その改善が見られないという。「語書」はそこで、「悪吏」掃討のための具体的な発令を下す。

・今且令人案行之、舉劾不從令者、致以律、論及令・丞。又且課縣官、獨多犯令而令・丞弗得者、以令・丞聞。（今且に人をして之を案行し、令に従わざる者を挙劾し、致すに律を以てし、論ずること令・丞に及ばしむ。又且に県官を課し、独り令を犯すこと多くして、而も令・丞得ざる者は、令・丞を以て聞せんとす。）

・其畫最多者、當居曹奏令・丞、令・丞以為不直、志千里使有籍書之、以為惡吏。（其の画最も多き者、当居の曹、令・丞に奏し、令・丞以て「不直」と為し、千里（郡下）に志して籍もて之を書すこと有らしめ、以て「悪吏」と為せ。）

つまり、郡から県に視察官を派遣して、不正な吏を検挙するとともに、その吏を監督すべき県の令・丞の責任を追及する。また、不正の前科が最多となる吏については、県で「不直」の吏とした上で全郡に通達し、「悪吏」の烙印を押すというのである。

このように、「語書」に於て「吏」とは、民と癒着して不正を働くことさえあるものとされている。吏は本来、秦の法律を民に明示し、その徹底を指導する立場にありながら、官の目から見れば、むしろ民とともに教導すべき対象とされているのである。「吏民」という表現は、そうした意識を如実に反映するものであろう。このように、吏が官よりもむしろ民の側に近い存在となってしまうのは、彼らが現地採用者であることにも起因しよう。吏は、心情的にはむしろ民の側に近接する存在だったと考えられる。それ故に南郡守騰は、吏を明確に「良」「悪」に二分した上で、「悪吏」を排除することこそが法治の貫徹にとって最も重要であると考えたのである。

以上、上博楚簡『従政』との関連が指摘される睡虎地秦墓竹簡「為吏之道」について検討を加えてみた。「為吏之道」は、雑多な要素から構成されるとは言え、基本的には、統治の現場に於て、吏が「郷俗」との折り合いを付けながら秦の法治を貫徹させていくためにはどのような点に留意すればよいかを箇条書き風にまとめた書であった。その吏とは、まさにその現場で働く役人であり、「語書」によれば、「吏民」としてむしろ民と一括される存在だったのである。『従政』が念頭に置く「従政」者とは相当の懸隔があるとしなければならない。

三　儒家の「従政」

孔子とその弟子たち（『聖蹟図』）

それでは、『従政』に於ける「従政」者、および『従政』の編纂の意図とは、どのようなものであったろうか。

先述の通り、『従政』では、他の伝世儒家系文献で孔子の言とされている内容が、「従政」者の心得として「聞之曰」と聞き書きの体裁で記されていた。また、「従政」の心得を説いた後に「是以曰」として『論語』に類似する言葉が記されている場合もあった。このことから、『従政』は、基本的には孔子の言を主な素材としながら、儒家自身にとっての「従政」の意義や心得を説く文献であったと推測できよう。

但し、それらの類似句も全く同一という訳ではなく、文の構成や論点がやや異なると思われる場合もある。そこで、『従政』の文言と伝世儒家系文献に於ける孔子言との関係について、改めて三つの角度から検討を加えてみよう。

第一は、多少の表現の異なりはあるものの、ほぼ同様の言辞と認定されるものである。それらをまず確認してみよう。

①01教之以刑則遂。

②11可言而不可行、君子不言。可行而不可言、君子不行。

③12持善不厭。

④14有所有餘而不敢盡之、有所不足而不敢弗【勉】。

⑤15毋暴、毋虐、毋賊、毋貪。不修不武、謂之必成則暴、不教而殺則虐。命無時、事必有期則賊。爲利枉05事則貪。

①は、「教」化の手段として「刑」を用いることの誤りを説くものである。『論語』為政篇の「子曰、道之以政、齊之以刑、民免而無恥、道之以德、齊之以禮、有恥且格」や『礼記』緇衣篇の「子曰、夫民教之以德、齊之以禮、則民有格心、教之以政、齊之以刑、則民有遯心」に類似する。

②は、君子の言動が慎重の上にも慎重であるべきことを説くもので、郭店楚簡・上博楚簡『緇衣』、『礼記』緇衣篇にほとんど同文が見える。郭店楚簡・上博楚簡『緇衣』に「子曰、可言不可行、君子弗言。可行不可言、君子弗行」、『礼記』緇衣篇に「子曰、王言如絲、其出如綸。王言如綸、其出如綍。故大人不倡游言。可言也、不可行。君子弗言也。可行也、不可言、君子弗行也。則民言不危行、而行不危言矣」とある通りである。

③は、君子が善行の持続を厭わぬことを説くもので、『礼記』曲礼上篇の「博聞強識而讓、敦善行而不怠、謂之君子、君子不盡人之歡、不竭人之忠、以全交也」と類似する。④も、『礼記』中庸篇に「庸德之

行、庸言之謹、有所不足、不敢不勉、有餘不敢盡、言顧行、行顧言」として、ほとんど同文が見られる。⑤も表現には多少の相違があるものの、『論語』堯曰篇の「四悪」とほとんど同内容と言ってよい箇所である。

第二の類型として挙げられるのは、表現には相当の違いがあるが、主旨としてはほぼ同様のことを論じていると思われるものである。04簡の「是故君子慎言而不慎事」は、言葉と実行の関係について論ずるものであるが、言葉を慎重に、行動を果敢にという主旨は、『論語』里仁篇の「子曰、古者言之不出、恥躬之不逮也」や「子曰、君子欲訥於言、而敏於行」を想起させる。

また、12簡の「敦行不倦、持善不厭、雖世不識、必有知之」とあるのは、君子の「行いを敦くして倦まず、善を持して厭わず」という様子は一般には評価されないが、必ずそれを理解してくれる人はいる、の意である。この主旨は、『論語』学而篇の「人不知而不慍、不亦君子乎」に関連するのではないかと思われる。

19簡の「聞之曰、行險致命」は、君子は危険な行動の最中にあってもその志を挫折させることなく使命を果たすの意であると理解される。ただ「命」を生命と理解し、君子は真に価値あることについては危険を冒して命を投げ出すという意味に取れば、『論語』子張篇に「子張曰、士見危致命」とあるのが連想される。

乙04簡の「聞之曰、?誨而恭遜、教之勸也。恩温良而忠敬、仁之宗【也】」は、反省と謙虚が「教」の模範であり、温厚と忠敬が「仁」の本であると説くもので、他の文献に全くの同文は見られないものの、個々の表現は、『礼記』儒行・内則・祭統・緇衣の各篇、『論語』為政篇などに窺うことができる。例えば、『礼記』儒行篇に「温良者、仁之本也」、『論語』為政篇に「子曰、臨之以荘、則敬、孝慈、則忠、擧善而教不能、則勸」などとあるのがそれである。表現の類似性はやや低いが、主旨はこれらに類似しているのではないかと思われる。

　これら第一と第二の類型は、表現の類似性に差はあるものの、いずれも、伝世儒家系文献と『従政』との間に、内容面に於て相当の関連があることを示している。

　ところが、これに対して、表現は類似しているものの、内容や論点にやや相違があると思われるものもある。これを第三の類型として取り上げてみたい。

　まず、前記の通り、「善人」の語は『論語』にも見られるが、『従政』のような意味づけはなされていなかった。『従政』に於ける「善人」は「人を善みする」「賢士一人を得る」、即ち他者の能力を見抜いて高く評価し登用するという意味で理解されるのである。とすれば、これは『論語』には見られない「善人」像ということになる。『従政』が敢えてこうした「善人」像を提示したのは、賢人の登用という要素を特に導きたかったからではなかろうか。ここから在野の賢人の登用という観点が『従政』の一つの特色として指摘できるであろう。

　また「05五徳、一曰寛、二曰恭、三曰惠、四曰仁、五曰敬。君子不寛則無06以容百姓、不恭則無以除辱、不惠則無以聚民、不仁07則無以行政、不敬則事無成」も、『論語』陽貨篇や堯曰篇との類似部分であるが、「五徳」の内訳は「寛」「恭」「惠」「仁」「敬」であり、堯曰篇の「五美」、即ち「惠而不費」「勞而不怨」

「欲而不貪」「泰而不驕」「威而不猛」とはやや異なると言えよう。一方、五徳の内訳を説く部分は陽貨篇に類似し、その点に関しては第一の類型として取り上げることもできるが、陽貨篇はそれら五者を実践できる者が「仁」であるとしており、「仁」を他の四者と同列に置く『従政』とは、やはり微妙な相違がある。

更に、前稿で復元した『従政』の竹簡連接によれば、『従政』では、この「五徳」の前に「四悪」を説く部分が存在していたと考えられる。つまり、「四悪」「五徳」の順となり、『論語』堯曰篇とは説明の順序が逆転していることになる。節の構成も、陽貨篇と堯曰篇とを折衷したような形になっており、単に『論語』の特定の箇所に類似しているというものではない。『従政』には『従政』なりの論理があったということになる。

同様の観点から、最後に17～18簡を検討してみよう。これは、『従政』の編纂意図の問題にも関わるのではないかと思われる部分である。

・【先】17人則啓道之、後人則奉相之、是以曰君子難得而易使也。其使人器之。小人先之、則絆敔之。【後人】18則暴毀之、是以曰小人易得而難使也、其使人必求備焉。

・人に先んずれば則ち之を啓き道き、人に後るれば則ち之を奉じ相く。是を以て曰く、君子は得難きも而して使い易きなり。其の人を使うに之を器にす。小人は之に先んずれば、則ち之を絆敔し、人に後るれば則ち之を暴毀す。是を以て曰く、小人は得易きも而して使い難きなり。其の人を使うや必ず備わるを求む。

一見して明らかなように、「是以曰」として記されている内容は、『論語』子路篇の「子曰、君子易事而難説也。説之不以道、不説也、及其使人也、器之。小人難事而易説也。説之雖不以道、説也、及其使人也、求備焉」とほとんど同文である。『従政』と孔子の言との密接な関係が指摘できる部分であると言えよう。

但し、『論語』では、「君子は事え易きも説ばせ難きなり」「小人は事え難きも説ばせ易きなり」とあるように、「君子」（または「小人」）とそれに使われる者との対比になっている。部下から見た場合、「君子」がお仕えしやすい上司であるとされるのは、君子が「之を器にす」、つまり決して無理難題を押しつけず、部下の器量に応じて仕事をさせるからである。また、君子を喜ばせることが難しいのは、「之を説ばすに道を以てせざれば、説ばざるなり」、つまり、君子に甘言や贈賄は通用しないからである。(5)

これに対して、小人が仕えにくいとされるのは、小人が自分のことは棚に上げたまま部下にはひたすら無理難題を押しつけ、あるゆる能力を要求して仕事の完璧を求めるからである。また、小人を喜ばせ易いのは、不正なやり方で喜ばせることが簡単にできるからである。

このように、子路篇では、上に立つ者とその部下との関係に於て、主として「事（仕える）」「説（喜ばせる）」という部下の視点からその難易が対照的に説明されている。

では、『従政』も同様であろうか。確かに『従政』も「君子」と「小人」を対比するという構図は同じである。しかし、君子が高く評価される理由は次のようなものである。まず、君子は自分の能力や実績が他者より優れている場合、他者を見くびったり見捨てたりするようなことをせず、劣った者には道を開き、遅れを取り戻せるように指導してやる。逆に、自身が他者より劣っている場合には、その人の足を引っ張ったり、妬んだりするのではなく、その人を尊重し、支援するよう努める。君子は、人間関係に於てこのような美点を持っており、それ故に（孔子も）次のように言っているのである。君子はどこにでもいるというものではなく、得難い貴重な存在である。だがその才能を見出して一旦登用すれば、上司にとっては非常に使いやすい存在となる。また、その君子が部下を使う場合にも、決して無理難題を押しつけることなく、部下の器量に応じた使い方をする、と。

一方、小人が批判される理由は次のようなものである。小人は他者に勝っていることが分かると、その優位を保つために、他者をその地位につなぎ止め、それ以上自分に近づけないようにする。逆に他人に後れを取った場合には、他人を蹴落とすために彼を誹謗中傷する。小人は、このように上下の人間関係に於て多くの問題を発生させ易い人物である。それ故に（孔子も）次のように言っているのである。小人を得ることはたやすいが、実際に登用してみると極めて使い辛い。また、その小人が部下を使役する際にも他人にだけは完璧を求める、と。

このように、『従政』は、まず「君子」「小人」がそれぞれ他者より優れている場合、劣っている場合、という二つの状況を仮定して、君子がいずれの場合に於てもいかに良好な上下関係を築くことのできる人格者であるか、また小人がいかに社会不適合な人間であるかを説く。その上で『従政』は、「君子」「小人」を登用するという局面を想定し、登用した上司とその人物との関係、登用された人物（君子）とその君子に仕えることとなった部下との関係について、『論語』子路篇に類似する言葉を引用しつつ説明に努めるのである。

即ちここには、「君子」を見出す人物（例えば君主）と登用されるべき「君子」とその君子に仕える部下との三者の関係が説かれていると言える。これは、『論語』子路篇との構造的な相違点であると言えよう。子路篇が説くのは、君子（または小人）と部下との二者の関係についてのみであった。従って、これら二者の関係で完結する子路篇には、当然のことながら、得難い君子を見出して登用するという観点は存在せず、また、君子を登用した上司と登用された君子との関係も説かれることはないのである。

こうした点を重視して推測を進めると、『従政』の資料的性格や編纂意図について次のようなことが言えるように思われる。

まず『従政』が、孔子の言を基盤として編纂された儒家系文献であることはほぼ確実であろう。右のように若干の相違点は指摘できるものの、『従政』に「聞之曰」として記されている内容は、伝世儒家系文献に「子曰」または「孔子曰」として引用される孔子の言とほぼ重複するものであった。

また、そこで説かれる「従政」者とは、王や君主を意味するのではないが、だからと言って睡虎地秦簡「為吏之道」「語書」に見えるような「吏」ではない。更に、君子・賢人を登用するという観点の存在を重視すれば、『従政』で想定されている「従政」者は、世襲等によって既にその地位にある高級官僚というよりも、その才能を見出され登用されるような在野の人格者であった可能性も高い。『従政』が「為政」ではなく敢えて「従政」の語を使用するのは、こうした意識を反映しているからではなかろうか。

とすれば、この文献は、あるべき「為政」者や「従政」者の姿を一般論として説いたものというよりは、儒家集団自身にとって必要とされる「従政」の際の心得を、孔子の言を織り込みながら編集したものと言えるであろう。そうした意味では、この文献は、広く世界に向けて発信されたものというよりは、他ならぬ儒家集団自身が希求した、言わば内部文書としての性格が強かったと思われる。

ただ、このことは、『従政』が終始内部文書として秘匿された文献であったことを意味する訳ではない。当初は、そうした性格を帯びていたとしても、後にそれが政治論として広く宣揚されていった可能性は残る。特に、在野の「従政」者を登用するという観点は、彼ら儒家自身を「従政」者として登用すべきだという主張として、為政者に向け力説されていった可能性もある。

孔子自身は、「子曰、苟有用我者、期月而已可。三年有成（子曰く、苟くも我を用いる者有らば、期月のみにても可なり。三年にして成す有らん）」（『論語』子路篇）と、「従政」の意欲を持ちながら、一国の命運を左右するような「従政」者の地位に就くことは遂になかった。しかし、孔子集団にとって、彼らの理想を実現する最も重要な方法の一つは、彼ら自身が「従政」者となり、国政に参与していくことであった。

また孔子の弟子の内、子路は魯や衛の行政に携わり、仲弓は季氏の宰として、子夏は莒父の宰として行政にあたるなど、実際に「従政」者として活躍する者も現れる。(6) しかもそうした彼らが、「子路問政」（『論語』子路篇）、「仲弓為季氏宰、問政」（同）、「子夏為莒父宰、問政」（同）、「子張問政」（『礼記』仲尼燕居篇、『論語』顔淵篇）などとあるように、自ら進んで孔子に「問政（政治の要諦について質問）」したとされているのである。孔子の弟子門人たちにとって「従政」は、常に追求すべき切実な課題であったと考えられる。上博楚簡『従政』は、そうした儒家集団の強い要請によって生み出された文献であったと言えよう。

おわりに

本稿では、上博楚簡『従政』の思想的特質や編纂意図について伝世儒家系文献や睡虎地秦墓竹簡との比較を通して検討を進めてきた。『従政』は、他ならぬ儒家自身が必要とした、「従政」の心得を説く文献であったと考えられる。

では、その成立時期や学派性といったものは、どの程度推測できるであろうか。周知の通り、上博楚簡については、中国科学院上海原子核研究所による二二五七±六五年前というC14の測定値が公開されている[7]。この数値は、一九五〇年を定点とする国際基準に従えば、前三〇七±六五年、即ち前三七二年から前二四二年を意味することとなる。また、下限は、秦の将軍白起が郢を占領し、楚が遷都を余儀なくされた前二七八年に設定されることから、結局、筆写年代は前三七二年から前二七八年の間と推定される。文献の成立時期は、当然、この筆写年代を遡ることとなるので、『従政』は、遅くとも戦国時代中期以前に編纂された文献であると考えられる。儒家の系譜の上では、孟子以前の孔子の弟子門人たちが想定されるであろう。

孔子の死後、儒家集団は、「子張」「子思」「顔氏」「孟氏」「漆雕氏」「仲良氏」「孫氏」「楽正氏」の八派に分裂したという[8]。仮に、『従政』がこの内のいずれかの学派によって形成された文献であるとすれば、その可能性が最も高いのは、子張学派ということになろう。『従政』と伝世儒家系文献との重複部分に子張関係の資料が多いからである。

『従政』の主題である「従政」について、『論語』の中で孔子に質問しているのは子張であり、その箇所は古くは「子張問」篇と称されていたとの説もあった。また、『従政』で特徴的な言葉であった「善人」についても、子張は『論語』の中で「善人の道」とは何かと孔子に尋ねている（先進篇）。更に、「従政」には、賢者の登用、即ち登用される側からすれば仕官という観点が存在したが、『論語』の中で、「干禄（禄を干《もと》めること）」を学んだとされるのも、やはり子張である（為政篇）。もっとも、『従政』はこれ以外の多くの要素から成り立っており、現時点では、単純に子張学派の著作と即断することは避けておきたい。しかし、『従政』の中に子張に関わる要素が多々あることは事実として確認しておく必要があろう。

最後に、右の点にも関わるが、孔子没後の儒家集団の活動、主として「孔子言」の形成の問題について、若干の展望を記しておきたい。

本稿の検討でも明らかになったように、近年公開が進められてきている戦国楚簡の中には、『論語』『礼記』など伝世儒家系文献に於ける孔子言と類似する文言がしばしば見られる。郭店楚簡および上博楚簡の『緇衣』は、文字通り『礼記』緇衣篇と、上博楚簡『民之父母』は『礼記』孔子閒居篇と、それぞれ基本的には重複する内容であった。郭店楚簡『語叢』にも、『論語』に於ける孔子の言との類似句が散見する。

そして、この『従政』に於ても、『礼記』緇衣篇や『論語』陽貨篇・堯曰篇などに見える孔子の言との類似句が、「聞之曰」という聞き書きの体裁で記されていた。また、「是以曰」として記される言葉が、

『論語』に於ける孔子の言とほとんど同じであるという場合もあった。

これらの現象を総合的に勘案すれば、これら戦国楚簡が形成された時期には、既に相当の孔子の言が蓄積され、儒家集団の中で共有されていた可能性が高いと推測される。両者の重複の度合いからして、これらの類似現象が全くの偶然であったとは考えがたい。もっとも、孔子の言行録である『論語』が、その当時、現行本に見られるような形で既に存在していたかどうかは分からない。『従政』との類似部分についても、本稿で検討した通り、表現や内容に若干の揺らぎが見られる箇所もあった。

ただ、『従政』の編者や読者には、「聞之曰」や「是以曰」とあれば、それが誰の言葉であるかが分かるという共通の理解があったことは推測される。そうした理解が形成されるためには、孔子の言がある程度テキスト化され、共有されていることが前提となろう。そして、郭店楚墓の造営時期や上博楚簡の筆写年代を基準にすれば[9]、そうしたテキスト化は孔子の没後さほど時を経ないうちに開始され、遅くとも戦国時代の前半には一定の共有化が行われていたと推測される。

このように、戦国楚簡と伝世儒家系文献との重複現象は、孔子の弟子門人たちが、孔子亡き後どのように思想活動を展開したかについて、重要な手かがりを与えていると言えよう。

注

（1）『論語注疏』刑昺疏に「正義曰、此辨三論篇章之異也。齊論有問王知道、多於魯論二篇、所謂齊論語二十二篇也。古論亦無此問王知道二篇、非但魯論無之、古論亦無也。古論亦無此二篇、而分堯曰下章子張問以為一篇、有兩子張、凡二十一篇」とある。

（2）拙稿「秦帝国の吏観念－雲夢秦簡「語書」「為吏之道」の思想史的意義－」（『日本中国学会報』第四七集、一九九五年）、および拙著『中国古代軍事思想史の研究』第三部第二章「秦の法思想」（研文出版、一九九九年）。

（3）途中、何箇所か句の冒頭を示すと思われる「・」記号がある。

（4）以下、睡虎地秦墓竹簡の引用に際しては、『睡虎地秦墓竹簡』（文物出版社、一九九〇年）に従う。『睡虎地秦墓竹簡』の釈文や注釈などを参照し、筆者なりに釈読したものを掲げる。文末の（　）内の数字は、竹簡段落と竹簡番号を示す。例えば、（二06～12）は、第二段の第六簡から第十二簡という意味である。

（5）この孔子の言葉については、「説」を「悦」と同義であるとする理解が通行しており、ここでもそれに従ったが、一方では「説」（言説、説得）の意とする別解もある。今、この点について即断することは避けておくが、いずれにしても、『従政』の側には「説」という要素がそもそも見られないのは、大変興味深い現象である。

（6）『史記』儒林列伝は、そうした状況について「自孔子卒後、七十子之徒散游諸侯、大者為師傅卿相、小者友教士大夫、或隱而不見。故子路居衞、子張居陳、澹臺子羽居楚、子夏居西河、子貢終於齊。如田子方・段干木・呉起・禽滑釐之屬、皆受業於子夏之倫、為王者師」と記す。

（7）「馬承源先生談上海簡」（『上博館藏戦国楚竹書研究』（上海書店出版社、二〇〇二年）。

（8）『韓非子』顕学篇に、「自孔子之死也、有子張之儒、有子思之儒、有顏氏之儒、有孟氏之儒、有漆雕氏之儒、有仲良氏之儒、有孫氏之儒、有樂正氏之儒」とある。

（9）郭店楚墓の造営時期については、墓葬形態や多くの副葬品に対する考古学的な分析により、紀元前三〇〇年頃とするのが定説である。上博楚簡の筆写時期については前記の通りであるから、結局、上博楚簡と郭店楚簡とは、戦国時代中期の楚墓に副葬されたほぼ同時期の資料と見なされる。

第五章　『子羔』の内容と構成

福田哲之

はじめに

一九九四年、上海博物館は香港の文物市場に流出した一二〇〇枚余りの戦国楚簡を購入した。この上海博物館蔵戦国楚竹書（以下、上博楚簡と略記）は盗掘されたものであり、出土時期や出土地などは一切明らかにされていない。馬承源主編『上海博物館蔵戦国楚竹書（一）』（上海古籍出版社、二〇〇一年）の「前言・戦国楚竹書的発現保護和整理」によれば、出土地については湖北省からの出土という話が伝わっており、流出した時期が郭店一号楚墓の盗掘時期と接近していることから、郭店墓地出土の可能性も考慮されるが、確証はないという。また竹簡の年代については、「上海博物館竹簡様品的測量証明」と中国科学院上海原子核研究所の分析によって、戦国後期という測定結果が出されており、竹簡の内容や字体の検討、郭店楚簡との比較などを総合して、楚が郢から都を遷す前二七八年以前の貴族の墓に副葬されていたものであろうと推定している。(1)

『上海博物館蔵戦国楚竹書（一）』所収の『孔子詩論』と『上海博物館蔵戦国楚竹書（二）』（上海古籍出版社、二〇〇二年）所収の『子羔』『魯邦大旱』との三篇は、竹簡の形制や字体の合致から、同一の冊書であった可能性が指摘されている。[2] 本章ではこの三篇のうちの『子羔』を中心に検討を加え、全体の構成や冊書としての性格などについて若干の論及を試みてみたい。

一　馬承源氏の見解

上博楚簡『子羔』の竹簡は現存十四枚、現存字数は三九五字、第五簡の背面に篇題と見られる「子羔」の二字が記されている。竹簡はすべて残簡であり、缺失した簡も少なからず存在すると見られ、内容を十分に把握し難い点が多い。ここで、馬承源「『子羔』釈文考釈」（『上海博物館蔵戦国楚竹書（二）』所収）と陳剣「上博簡《子羔》・《従政》篇的竹簡拼合与編連問題小議」（『文物』二〇〇三年第五期）とを中心とし、諸家の釈文を参考に作成した全文の訓読を掲げる。[3]

「子羔」篇題（第五簡背面）

……□有虞氏の楽正宮（夔）は、𡨦の子なりと。子羔曰く、何の故に以て帝為るを得るやと。孔子曰く、昔者《むかし》は而《もっ》て世を歿《お》うるや、善と善と相受くるなり。古は能く天下を治め、万邦を平らぐるに、小・大・肥・磽有ること無からしめ、皆……しむ。【第一簡】

其の社稷・百姓を得て奉じて之を守る。堯は舜の徳の賢なるを見る。故に之に譲ると。子羔曰く、堯の舜を得るや、舜の徳は則ち誠に善なる【第六簡】か。伊（抑）も堯の徳は則ち甚だ温なるかと。孔子曰く、鈐や、舜は童土の田に徠《つと》むれば、則ち【第二簡】

……の童土の黎民なりと。孔子曰く、……【第三簡】

吾聞く、夫れ舜の其の幼きや、毎ごとに□を以て其の言を寺……【第四簡】

……或に夓《つね》を以て遠し。堯の舜を取るや、諸を草茅の中従《よ》りし、之と礼を言《かた》らば、悦びて□……【第五簡】（背面「子羔」）

亦た紹す。先王の遊ぶや、道の奉盟せざれば、王も則ち亦た大凄せずと。孔子曰く、舜は其れ受命の民と謂うべし。舜は、人の子なり。……【第七簡】

……晷し而して和す。故に夫の舜の徳は其れ誠に賢なり。諸を畎畝の中より播《し》き、而して天下に君たらしめて偁《あ》げらると。子羔曰く、舜の如きは今の世に在りては則ち何若。孔子曰く【第八簡】

子羔、孔子に問いて曰く、三王者の作《おこ》れるや、皆人の子なり。而して其の父は賤しくして偁ぐるに足らざるか。殹（抑）も亦た天子と成るかと。孔子曰く、善きかな、爾の之を問えるや旧《ひさ》し。其莫……

【第九簡】

……なり。伊を観て之を得、𡪞（娠）むこと三【第十一簡上段】年にして背を劃《さ》きて生まれ、生まれて而ち能く言う。是れ禹なり。契の母は、有娀氏の女【第十簡】なり。瑶台の上に遊ぶに、燕の卵を銜《くわ》うる有りて、諸を其の前に錯《お》く。取りて之を呑めば、𡪞（娠）むこと【第十一簡下段】三年にして膺を劃きて生まれ、乃ち呼びて曰く、【中文大学蔵第三簡】欽と。是れ契なり。后稷の母は、有邰氏の女なり。串咎の内に遊び、終に芺攺を見て之を薦め、乃ち人の武《あしあと》を見る。履みて以て祈祷して曰く、帝の武、尚わくは……せしめ【第十二簡】

……是れ后稷の母なり。三王者の作るや是の如し。子羔曰く、然らば則ち三王者は孰れか……と為す……

【第十三簡】

……□三天子之に事う。━（白簡）……【第十四簡】

『子羔』の内容・構成について、馬承源「『子羔』釈文考釈」は以下のように述べている。

簡文記述孔子答子羔所問堯・舜和禹・契和后稷之事、内容分兩段、一爲堯・舜、一爲禹・契・后稷等參王、兩段之間相連的文字已缺失、但爲同一人手迹、形體和上博竹書《魯邦大旱》・《孔子詩論》完全相同。本篇最後文字内容是「參天子」、並有墨節、其下有相當於十三或十四個字的空白段、説明有關參王内容的簡應列於後段、有關堯舜的内容列於前段、墨節是篇末結束記號。

すなわち馬承源氏は、『子羔』の内容は孔子と子羔による堯舜に関する問答と禹・契・后稷の三王に関する問答との二つの部分からなり、両者の間を連結する文字はすでに缺失したとし、最後の第十四簡が「三天子」の内容をもち、墨節が付されてその後が白簡となっていることから、三王の内容が後段、堯舜の内容が前段に配置され、墨節は篇末を示す記号と見るのである。これを図示すると、［図1］のごとくである。

次節ではこの見解をもとに、あらためて各簡の内容について検討を加えてみよう。

〔図1〕

堯舜部分

【第一簡】

【第六簡】＋【第二簡】

【第三簡】

【第四簡】

【第五簡】（背面「子羔」）

【第七簡】

【第八簡】

…（連結簡缺失）

三王部分

【第九簡】

【第十一簡上段】＋【第十簡】＋【第十一簡下段】＋【中文大学蔵第三簡】＋【第十二簡】

【第十三簡】

【第十四簡】━（墨節）

二　『子羔』の内容

『子羔』十四簡のうち、まず堯舜部分の第一簡を除く七簡について見ると、第二簡・第四簡・第五簡・第六簡・第七簡・第八簡にはすべて「堯」あるいは「舜」の文字が見え、各簡の内容からも堯から舜への禅譲という主題に関わることが明らかである。「堯」あるいは「舜」の文字が見えない第三簡についても、「童土の黎民なり」という語が第二簡の「舜は童土の田に徠むれば」の部分と密接な関連を有し、堯舜部分の簡と見なすことができる。

一方、三王に関わる六簡について見ると、第九簡には「三王者」「天子」、第十簡には「禹」「契」、第十二簡には「契」「后稷」、第十三簡には「后稷」「三王者」、第十四簡には「三天子」と相互に共通する語が見える。また内容面からも、第九簡には三王の父親に関する子羔の問い、第十簡、第十一簡、第十二簡、第十三簡には三王の母親と出産に関する記述があり、いずれも三王の誕生という主題に関わることが明らかである。

それではここで、保留していた第一簡について見てみよう。

第一簡は上端が残缺し、後続も不明であるため内容を十分に把握し難いが、初めの部分は、有虞氏の楽正であった宮（夔）が、窡の子であるとの記述が見え、(4) その後に「子羔曰く」とあることから、この部分は孔子の答えの末尾であったと推定される。続いて「どのような理由で帝となることができたのですか」

との子羔の問いがあり、「昔は統治者が没すると、善と善とによる交代、すなわち禅譲がおこなわれたので、よく天下が治まり、万国が領地の大小・肥瘦の別なく、……された」と孔子の答えが記されている。

馬承源氏がこの第一簡を堯舜部分と見なした理由は、舜に該当する「有虞氏」の語と「昔は而て世を歿うるや、善と善と相受くるなり」という禅譲に関する記述とがあったためと考えられる。しかしこの点については、

・堯舜部分の他の竹簡に見える表記はすべて「舜」であるのに対し、第一簡のみが「有虞氏」と表記され、しかも有虞氏の楽正であった宔（夔）の出自に重点がおかれている。

・堯舜部分の他の竹簡はすべて堯から舜への禅譲、とくになぜ舜に禅譲されたかが中心的な主題であるのに対し、第一簡の記述は禅譲についての一般的な説明となっており、必ずしも堯から舜への禅譲と限定的に結びつくものではない。

という問題が指摘される。逆に第一簡には、

・夔は禹・契・后稷と同様、有虞氏に仕えた臣下である。

・相互の関連は不明ながら、宔（夔）についても禹・契・后稷と同様、出自に関わる言及が見える。

など、三王部分との間に顕著な共通性が認められることから、第一簡は堯舜部分ではなく三王部分に属する簡とみるのが妥当であると考えられる。

ここであらためて注意を要するのは、『子羔』に分類された十四枚の竹簡は、堯舜関係の簡と三王関係の簡とに明確に二分され、両者にまたがるような内容は全く見られないという点である。もちろん、缺失

した竹簡の中にそうした内容が含まれていた可能性は否定し得ないが、少なくとも現時点においてはそれを裏付ける積極的な根拠は見いだされず、むしろ両者の内容上の差異は明瞭と言えるのである。こうした点を踏まえれば、『子羔』は孔子と子羔による堯舜に関する問答と三王に関する問答との二つの独立した内容であった可能性が指摘されよう。

次節ではこの問題について、構成の面から検討を加えてみたい。

三　『子羔』の構成

『子羔』が堯舜部分と三王部分とに独立していたとすれば、各部分はそれぞれどのように構成され、冊書全体においてどのように配置されていたのであろうか。

行論の便宜上、冊書における順序とは逆に、まず三王部分について見ると、『子羔』釈文考釈が示す通り、その冒頭は「子羔、孔子に問いて曰く、三王者の作れるや、皆人の子なり」で始まる第九簡、末尾は「三天子之に事う」で終わって墨節が付され、それ以後が白簡となる第十四簡であったと見なされる。

篇や章の第一簡冒頭部分には圏点などの符号が付される場合もあり、第九簡上端にそうした符号が見えない点をもって、前段に位置した堯舜部分と連続していたと解釈する可能性も考慮されよう。しかし、これについては『魯邦大旱』の冒頭と見なされる第一簡「魯邦大旱す。哀公孔子に謂う」の上端部分にも記号などは全く見られないことから、いずれも篇・章の末尾に墨節を付して、冒頭部には符号を付けない形式であったと理解される。

また、前章の検討により新たに三王部分に加わった第一簡については、内容から見て、三王の出生に関わる一連の記述が始まる第十簡の前に配置するのが妥当であると考えられる。

それでは次に、堯舜部分の検討に移ろう。上述のごとく、背面に「子羔」の篇題をもつ第五簡が堯舜部分に属し、通常、篇題は冊書の先頭かそれに近い簡の背面に記されることから、堯舜部分は冊書全体の先頭に位置したと見てよい。したがって、子羔と孔子との問答が一定の展開を見た後に堯から舜への禅譲の話題が出されたという状況は想定し得ず、冊書の冒頭、すなわち堯舜部分の冒頭には、堯から舜への禅譲に関する子羔の問いを記した簡が存在した可能性が高い。現存の簡の中にそれが見えないのは、缺失によるものと推測される。

堯舜部分の末尾については、該当する七簡に篇・章の末尾を示す墨節は見られず、内容面からも問答の収束をうかがわせるような記述は認められない。ただし、ここで注目されるのは、第八簡の

……暑し而して和す。故に夫の舜の徳は其れ誠に賢なり。諸を畎畝の中より播き、而して天下に君たらしめて偁げらる、と。子羔曰く、舜の如きは今の世に在りては則ち何若。孔子曰く

に見える、子羔の問いと、『孔子詩論』第一簡の墨節の前に位置する冒頭八字[5]、

……行此者其有不王乎。

との関連である。

第八簡後半に見える「舜のようなひとが、今の世の中にいたとしたらどうでしょうか」との子羔の問い

は、その直前の孔子の発言や堯舜部分の他の簡を総合すると、舜の徳がまことにすぐれていたので堯から禅譲されたのだ、というそれまでの孔子の話を受けて発せられたものと解釈される。したがって、それに対する孔子の答えは当然「今の世に舜がいれば、やはり同じように天下を統治しただろう」という内容であったと考えられる。そして、『孔子詩論』第一簡の墨節の前に位置する冒頭八字「此を行う者は其れ王とならざること有らんか」の部分は、缺損を含むものの、まさにそれと符合する内容となっている。すなわち、堯舜部分の末尾は、『孔子詩論』第一簡の冒頭八字に比定され、そこに付された墨節は、堯舜部分の末尾を示すと理解されるのである。

これまでの検討を踏まえるならば、『子羔』の一部とされてきた堯舜部分と三王部分とは、それぞれ末尾に墨節をもち、構成の上でも独立していたと考えられる。ここで、あらためて堯舜部分を『堯舜』、三王部分を『三王者』として明確に区分し、現存の残簡により、それぞれの構成を図示すると［図2］のごとくである。

『孔子詩論』第一簡の墨節の前に位置する冒頭八字について、馬承源『孔子詩論』釈文考釈は、この部分が王道を論じたもので、『子羔』や『魯邦大旱』の内容とそぐわず、墨節の後に始まる『孔子詩論』の「詩序」とも異なることから、別の内容と推測している。これに対して、李零『上博楚簡三篇校読記』（万巻楼図書有限公司、二〇〇二年）は、『子羔』の第五簡の背面にある「子羔」の文字を篇題と見て、全体を《子羔》篇(6)ととらえ、その内部が『三王之作』『孔子詩論』『魯邦大旱』の三部分で構成されるとし、『孔子詩論』第一簡の冒頭八字は『三王之作』の末尾にあたると推測している。

［図2］

『堯舜』

【第六簡】＋【第二簡】
【第三簡】
【第四簡】
【第五簡】（背面「子羔」）
【第七簡】
【第八簡】
【第一簡】━（墨節）
【第二簡】
【第三簡】
… …

『孔子詩論』

『三王者』

【第九簡】
【第一簡】
【第十一簡上段】＋【第十簡】＋【第十一簡下段】＋【中文大学蔵第三簡】＋【第十二簡】
【第十三簡】
【第十四簡】━（墨節）

上述した筆者の見解は、馬承源氏が除外した『孔子詩論』第一簡の冒頭八字を『三王者』の末尾とする点では李零氏と立場を同じくするが、李零氏はその接続について未だ具体的に言及していない。また、『子羔』に該当する十四簡を『孔子詩論』の第一簡（八字）とあわせて『三王之作』として一括する点では、李零氏の見解はむしろ馬承源氏に近く、『三王之作』の十五簡を『堯舜』の八簡と『三王者』の七簡とに区分し、両者はそれぞれ内容・構成の両面において独立していたとする筆者の見解とは大きく異なっている。

本節の最後に、《子羔》篇の全体構成をあらためてまとめてみよう。これまでの検討を踏まえれば、《子羔》篇全体は少なくとも、

・『堯舜』━（墨節・連続）『孔子詩論』[7]

・『魯邦大旱』━（墨節・白簡）

・『三王者』━（墨節・白簡）

の三つのまとまりによって構成されていたと推測される。前述したように『堯舜』『孔子詩論』のまとまりについては、この順序で《子羔》篇の先頭に位置したと見なされるが、『魯邦大旱』と『三王者』との順序については不明とせざるを得ない。しかし、いずれにしても『子羔』として一括されていた『堯舜』と『三王者』とは、全体構成の上からも独立した内容であったことが裏付けられるのである。

おわりに

本章の検討によれば、《子羔》篇は『堯舜』『孔子詩論』『魯邦大旱』『三王者』などの複数の内容で構成された冊書であったと推測される。したがって、この冊書の全体を第五簡の背面に見える「子羔」の二字をもとに《子羔》篇と総称することは可能であるとしても、篇の全体に子羔に関わる何らかの一貫した著作意図を見いだすことは困難である。この冊書に「子羔」という篇題が付された主たる理由は、おそらく先頭に位置した『堯舜』の冒頭が『三王者』と同様「子羔、孔子に問いて曰く」と「子羔」の二字で開始されていたことによるものであろう。本章で指摘した内容・構成の特色を踏まえるならば、《子羔》篇は、孔子とその弟子に関わる儒家系の雑纂と見るのが穏当な理解であると考えられる。

注

(1) 「馬承源先生談上海簡」(『上博館蔵戦国楚竹書研究』上海書店出版社、二〇〇二年)には、二二五七±六五年前という中国科学院上海原子核研究所の測定値が紹介されている。一九五〇年を定点とする国際基準にしたがえば、前三〇八±六五年、すなわち前三七三年から前二四三年となり、下限は上述のように秦の白起が郢を占領した前二七八年に設定されることから、書写年代は前三七三年から前二七八年の間となる。

(2) 馬承源「『孔子詩論』釈文考釈」(『上海博物館蔵戦国楚竹書(一)』所収)参照。

(3) 訓読にあたって、季旭昇「〈子羔〉訳釈」(『《上海博物館蔵戦国楚竹書(二)読本》』万巻楼図書股份有限公司、二〇〇三年）、小寺敦「上海博楚簡『子羔』篇訳注」（『出土文献と楚文化』創刊号 上海博楚簡『民之父母』『子羔』『魯邦大旱』訳注』上海博楚簡研究会、二〇〇四年）を参照した。訓読文は可能な限り通行の文字を用い、前後の……は、竹簡の上端・下端が残缺していることを示す。

（4） 陳剣氏は第一簡の「有虞氏の楽正宕（夔）は、寍の子なり」を「有虞氏の楽正宕寍の子なり」と解釈し、「有虞氏の楽正宕寍の子」とはすなわち舜を指すと見なしている。しかし、少なくとも現在知られる資料によれば「有虞氏」は舜を指す呼称と見なされ、陳剣氏の見解に従った場合、有虞氏と舜との関係をどのように理解すればよいかという点が問題として残される。したがって、ここでは馬承源氏の釈文に従うこととした。

（5） 引用は、『上海博物館蔵戦国楚竹書（一）』所収の『孔子詩論』釈文考釈（馬承源）により、可能な限り通行の文字に改めた。

（6） 以下、混乱を避けるために、第五簡背面の「子羔」の篇題にもとづく冊書全体の篇名を指す場合に限り《子羔》篇と表記する。

（7） 『魯邦大旱』『三王者』の冒頭がいずれも竹簡の先端から開始されていることを踏まえれば、『孔子詩論』最終簡の末尾は『魯邦大旱』『三王者』と同様、墨節・白簡形式であった可能性が高い。ただし、缺失した部分に別の内容が含まれていた可能性もあり、この点についてはなお慎重な検討が必要である。

［付記］本章は、拙稿「上海博物館蔵戦国楚竹書『子羔』の再検討」（『中国研究集刊』別冊（第三十三号）、二〇〇三年）に基づく。本書への収録にあたり標題を改め、その後の知見による補訂を加えたが、全体の論旨については変更していない。

第六章　『中弓』における説話の変容

福田哲之

はじめに

上博楚簡『中弓』は、馬承源主編『上海博物館蔵戦国楚竹書（三）』（上海古籍出版社、二〇〇三年）において公表された佚書で、「釈文校釈」は李朝遠氏が担当している（以下〈李釈〉と略記）。〈李釈〉の「説明」にもとづき、書誌的概要をまとめると以下の通りである（【　】の数字は第三分冊『中弓』図版の竹簡番号）。

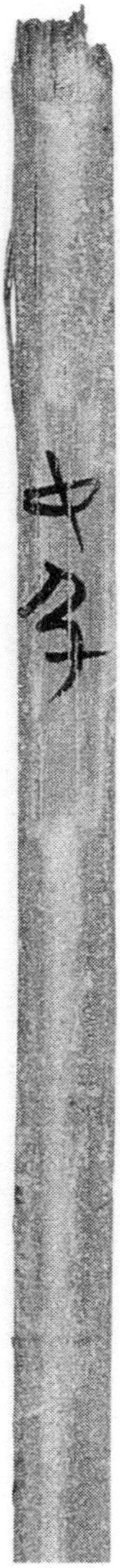

「中弓」篇題（第十六簡背面）

現存簡は二十八簡、整簡は三簡（ただし【8】は三つの断簡を綴合、【10】【23】は二つの断簡を綴合）、他の二十五簡は断簡。また、これ以外に附簡一簡がある。整簡の全長は四十七㎝前後、字数は三十四～三十七字、編縄は上・中・下三編。【16】背面に篇題と見られる「中弓」の二字があり、この冊書が「中弓」という篇題をもつ著作であったことが知られる。

このように『中弓』の竹簡は大部分が断簡であり、全体としてかなりの缺失が存在することは想像に難くない。したがって、その完全なる復原は不可能としなければならず、内容の把握もきわめて困難な状況にある。ただし、個々の残簡から得られる断片的な内容を総合的に踏まえると、孔子と弟子の仲弓との問答によって構成されていたようであり、その内容はすべて政治に関するものと推測され、主題を異にするいくつかのまとまりから成り立っていた形跡がうかがわれる。そのなかでもとくに注目すべきは、『論語』子路篇「仲弓爲季氏宰」章との間に密接な対応を見せる一群の残簡が存在する点である。本章では、この対応部分を中心に『論語』との比較分析を試み、『中弓』における説話の変容について、考察を加えてみたい。

なお『中弓』の釈文については、〈李釈〉発表後、「簡帛研究」網站を中心に修正意見が提出されてきており、なかでも陳剣「上博竹書《仲弓》篇新編釈文（稿）」（二〇〇四年四月十八日付、以下〈陳釈〉と略記）は、全簡にわたって再検討を加え、残簡の綴合や釈読の補正など従うべき点が多い。本章に掲げる釈文は、〈李釈〉〈陳釈〉をもとに私見を加えて作成したものであり、引用の便宜上、可能な限り通行の文字を用いた。

一　『中弓』の『論語』対応部分の復原

はじめに『論語』子路篇「仲弓爲季氏宰」章と復原した『中弓』の『論語』対応部分との原文・訓読を示す。なお『中弓』の対応部分には、あわせて現代語訳を掲げた。

○『論語』子路篇「仲弓爲季氏宰」章

・仲弓爲季氏宰、問政。子曰、先有司、赦小過、擧賢才。曰、焉知賢才而擧之。曰、擧爾所知。爾所不知、人其舍諸。

仲弓、季氏の宰と為りて、政を問う。子曰く、有司を先にし、小過を赦し、賢才を挙げよ。曰く、焉《いず》くんぞ賢才を知りて之を挙げん。曰く、爾の知る所を挙げよ。爾の知らざる所は、人其れ諸れを舎てんや。

○『中弓』対応部分（［ ］は缺失字）

・仲弓曰、敢問、政何先。【5】仲尼［曰］、【28】老老慈幼、先有司、擧賢才、宥過赦罪。【7】……罪、政之始也。仲弓曰、若夫老老慈幼、既聞命矣。夫先有司、爲之如何。仲尼曰、夫民安舊而重遷【8】……⧄有成。是故有司不可不先也。仲弓曰、雍也不敏、雖有賢才、弗知擧也。敢問、擧才【9】如之何。仲尼［曰］、夫賢才不可弇也。擧爾所知。爾所不知、人其舍之諸。仲弓曰、宥過赦罪、則民可爰?【10】……

〔仲尼曰〕……山有崩、川有渇、日月星辰猶差、民無不有過。賢者□〼【19】

仲弓曰く「敢えて問う、政を為すは何をか先とす」仲尼〔曰く〕「老を老《うやま》い幼を慈《いつくし》み、有司を先にし、賢才を挙げ、過を宥し罪を赦せ。……罪、政の始めなり」仲弓曰く「夫れ老を老い幼を慈しむが若きは、既に命《おしえ》を聞けり。夫れ有司を先にするは之を為すこと如何せん」仲尼曰く「夫れ民の旧に安んじ遷を重《はばか》るは……成る有り。是の故に有司を先にせざるべからざるなり」仲弓曰く「雍や敏ならず、賢才有りと雖も、挙ぐるを知る弗きなり。敢えて問う、才を挙ぐるは之を如何せん」仲尼曰く「夫れ賢才は、弃《おお》うべからざるなり。爾の知る所を挙げよ。爾の知らざる所は、人其れ諸れを舍てんや」仲弓曰く「過を宥し罪を赦さば、則ち民は爰《?》べし……」〔仲尼曰く〕「……山崩ること有り、川渇くこと有り、日月星辰も猶お差《たが》わば、民に過有らざる無し。賢者□……」

仲弓が言った「敢えておたずねしますが、政治を行うには何を優先すればよいでしょうか」仲尼がお答えになった「老人を敬い幼子を慈しみ、役人に率先させ、才能のすぐれた者をひきたて、過失を大目に見て罪を赦すようにしなさい。……罪（を赦すことが）、政治の始めである」仲弓が言った「老人を敬い幼子を慈しむことについては、すでにおしえをお聞きしました。役人に率先させるにはどのようにすればよいでしょうか」仲尼がお答えになった「民が旧習に安住して改革を重荷とするのは……成就する。このような理由から役人に率先させなければならないのだ」仲弓が言った「雍（わたくし）は鋭敏でありませんので、才能のすぐれた者がいたとしても、ひきたてることを知りません。敢えておたずねしますが、人材をひきたてるにはどのようにすればよいでしょうか」仲尼がお答えになった「才能のすぐれた者は、覆い隠すことができない。お前の分かった者をひきたてなさい。そうすればお前の分からない者は、人々がすてておかないだろう」仲弓が言った「過失を大目に見て罪を赦したならば、民は必ず奚《?》……」（仲尼がお答えになった）「山も崩壊することがあり、川も渇水することがあり、日月星辰ですら誤差を生じるのであるから、まして民に過失がないわけがない。賢者は□……」

対応部分の復原にあたって、全体構成との関連から注目されるのは、以下の〈李釈〉の見解である（丸括弧は引用者）。

此簡（【8】）似緊接上簡（【7】）、如此接無誤、該簡首字「皐」（罪）或爲衍文。上簡所言四條、孔子認爲是爲政的第一要務。「若夫老老慈幼、既聞命矣」、説明仲弓對上述四條中的「老老慈幼」似已理解、本簡與下幾簡主要是仲弓向孔子諮詢後三條的主要内涵。《論語》中缺記「老老慈幼」條、或與此有關。

〈李釈〉の推定に従い、【7】の簡尾と【8】簡首とが連続し、重複する後者の「皐」（罪）字が衍文であるとすれば、当該本文は以下のように復原される。

仲尼曰、老老慈幼、先有司、舉賢才、宥過赦罪、政之始也。仲弓曰、若夫老老慈幼、既聞命矣。夫先有司、爲之如何。

これによれば、孔子が掲げた「老老慈幼」「先有司」「舉賢才」「宥過赦罪」の四条のうち、仲弓は「老老慈幼」についてはすでに教えをうけていたため、両者の問答は実際には「先有司」以下の三条が中心であったことになる。〈李釈〉の推定は、孔子が四条を提示する『中弓』のような説話が先行して存在し、その四条から直接問答の対象とならなかった「老老慈幼」を削除して『論語』のような三条の説話が成立したと見なすものであろう。

しかし、他文献に見える孔子と弟子との問答の形式を踏まえるならば、〈李釈〉の見解には必ずしも従い難いように思われる。その一例として、『礼記』孔子間居篇と対応関係をもつ上博楚簡『民之父母』を取り上げてみよう。(1)

子夏曰く、敢えて問う、何をか五至と謂うと。孔子曰く、五至か、志の至る所は、詩も亦た至り、詩の至る所は、礼も亦た至り、礼の至る所は、楽も亦た至り、楽の至る所は、哀も亦た至る。哀楽相い生じ、君子以て正す。此れを之れ五至と謂うと。子夏曰く、五至は、既に之を聞けり。敢えて問う、何をか三無と謂うと。

引用箇所は、子夏が孔子に『詩』の「凱弟の君子は民の父母」にもとづき「どのようにすれば民の父母となることができましょうか」と質問したのに対し、その要件として孔子が「五至」と「三無」の実行を説き、さらに「五至」についての問答の後、子夏が「三無」について質問する場面である。

『中弓』との関係で注目されるのは、第一の質問に対する孔子の回答をもとに、さらに個別的な問答が繰り返されるという共通した構造をもち、しかも「五至」の問いに対する孔子の教えをうけて子夏が新たに「三無」の問いを提起する際に「五至は、既に之を聞けり」という表現が用いられている点である。

こうした問答の形式を踏まえるならば、「夫れ老を老い幼を慈しむが若きは、既に命を聞けり」との仲弓の発言は、その直前に存在した「老老慈幼」についての孔子の教えを受けて次の「先有司」の問いを導くために発せられたものと理解すべきであろう。したがって〈李釈〉の推定とは異なり、【7】と【8】とは接合せず、その間に「老老慈幼」についての孔子の説明を記した竹簡が存在し、第八簡の簡首の「辠」（罪）字は衍文ではないと見るのが妥当であると考えられる。

ただし、ここで注意を要するのは、「仲弓曰、若夫老老慈幼、既聞命矣。夫先有司、爲之如何」の直前に「……罪、政之始也」の五字が見いだされる点である。「政之始也」は、対応部分の冒頭「仲弓曰、敢問、爲政何先」に呼応する言葉と見なされ、その前の「罪」字は「宥過赦罪」の末字である可能性が高い。したがって、孔子は「老老慈幼、先有司、擧賢才、宥過赦罪、政之始也」と四条を再度提示し、仲弓の第一の質問に対する回答を結んだと理解されよう。つまり「政之始也」で結ばれた孔子の回答は、あくまでも「仲弓曰、敢問、爲政何先」との最初の質問に対するものであり、「老老慈幼」については「先有司」以下のような個別的な質問は存在しなかったと推測されるのである。

これまでの検討の結果、「仲弓曰、若夫老老慈幼、既聞命矣。夫先有司、爲之如何」の前に存在した孔子の回答は、

・「仲弓曰、敢問、爲政何先」に呼応する。
・「老老慈幼」について一定の説明を含む。

という二つの要素を兼ね備えたものであったことが明らかとなる。この両者を整合的に理解するならば、孔子の回答は「老老慈幼、先有司、擧賢才、宥過赦罪」の四条を示すと同時に、その第一に位置付けられ

た「老老慈幼」について一定の説明を加え、最後に「老老慈幼、先有司、擧賢才、宥過赦罪、政之始也」と再度四条を示して結びとしたものであった可能性が高い。そして、その際に説明のなかった「先有司、擧賢才、宥過赦罪」の三条について、引き続き質問と回答とが繰り返される構成になっていたと考えられる。

二　『中弓』の『論語』対応部分の特異性

前節において『中弓』の『論語』対応部分について復原を試みたわけであるが、次に『論語』対応部分と他の部分との関係について検討を加えてみたい。『論語』対応部分に属することが明らかな竹簡と、それ以外の竹簡とを二つに分類して相互に比較すると、両者には二つの表記上の相違点が見いだされる。

まず第一は、孔子の呼称についての相違である。『中弓』には孔子の呼称として「孔＝」（孔子）と「中尼」（仲尼）との二種の表記があり、竹簡別の分布は以下の通りである。

「孔＝」……【1】【6】【11】【12】【15】【20】【26】【附簡】

「中尼」……【8】【10】【28】

「中尼」が見える三簡のうち、「中尼」二字のみを残存する【28】を除き、【8】【10】が『論語』対応部分に属することはその内容から明らかであり、『中弓』における孔子の呼称には、『論語』対応部分は「中尼」、他の部分は「孔＝」という相違が存在したことが知られる。

次に用字について見ると、孔子の発言中、仲弓を指す第二人称の人称代詞には「女」（汝）と「而」（爾）との二字が認められ、その分布は以下の通りである。

「女」……【3】【5】【6】【16】【21】【26】【附簡】

「而」……【10】（二例）

そしてこれを先の分析結果と合わせると、両者の間には以下のような呼称・用字の関係が見いだされる。

「孔＝」　「女」＝他の部分
　｜　　　｜
「中尼」　「而」＝『論語』対応部分

この点についてさらに留意すべきは、【5】の「仲弓曰、敢問、爲政何先」からはじまる『論語』対応部分の直前にも第二人称の人称代詞と見なされる「女」が認められる点である。

前章の釈文では、『論語』対応部分のみを提示する意図から【5】の「仲弓曰、敢問、爲政何先」以前の文字を割愛したため、ここであらためて【5】全体の釈文を提示し、この問題を考察してみよう。まず〈李釈〉を掲げる。

㠯行壴（矣）、爲之宗悬（謀）女（汝）。」中（仲）弓曰、「敢昏（問）爲正（政）可（何）先？」

この〈李釈〉に対して〈陳釈〉は、

以行矣、爲之／宗悬女。〝仲弓曰、〟敢問爲政何先？〼

と釈し、注［5］において以下のような疑点を提起している。

此簡由兩斷簡拼合、上段到〃之〃字、下段起自〃宗〃字。但連接處〃爲之宗悬女〃文意不清楚、故其拼合恐尚有疑問。今暫連寫、在斷處以〃／〃號標記。

問題の「女」字は下段の「仲弓曰、敢問、爲政何先」と同一簡の部分に見え、『中弓』全体が孔子と仲弓との問答で構成されていたと見なされることから、孔子の発言末尾の語である点は動かない。したがって〈陳釈〉が指摘する綴合の問題は、この「女」字を第二人称の人称代詞と認め得るかという点に関わってくる。

これについてまず指摘されるのは、【5】の上段と下段の残簡の接合部の凹凸の形が符合し、字間もほぼ同一となっており、〈李釈〉の綴合には形式面から一定の妥当性が認められる点である。また釈読の面でも「悬」を「謀」と釈する例は郭店楚簡に多見され、〈李釈〉の「爲之宗悬（謀）女（汝）」に従って「之が為に汝に謀るを宗ぶ」と読み、季氏や部下の信頼を獲得していくために孔子が仲弓に与えた教えの末部と理解することは、十分に可能ではないかと思われる。

また、慎重を期して「仲弓曰、敢問、爲政何先」と同一の簡である直前の三字「宗悬女」に限定したばあいにおいても、『中弓』全体に見える七例の「女」字のうち【5】を除く六例のすべてが第二人称の人称代詞「汝」の意味として用いられ、しかもすべてが孔子の発言に属すると見なされることを踏まえるならば、【5】の一例も同様に第二人称の人称代詞「汝」である蓋然性はきわめて高いと判断されよう。

以上の検討によって、「仲弓曰、敢問、爲政何先」の直前に位置する孔子の発言にも他の部分と同じ「女」が認められ、『論語』対応部分の「而」と用字を異にすることから、『論語』対応分と他の部分との表記上の相違がより明瞭に把握される。

本章では、『論語』対応部分に属することが明らかな竹簡と、それ以外の部分に属する竹簡とを二つに分類して相互に比較し、両者の間に表記上の相違が認められることを指摘した。こうした現象は、『論語』対応部分がそれ以外の部分とは来源の異なる資料によって形成されたことを示唆するものであり、『中弓』の成立過程を考察する上に一つの手がかりを与えるものと考えられる。

三　『論語』と『中弓』の『論語』対応部分との比較

本節ではこれまでの検討を踏まえ、『論語』と『中弓』の『論語』対応部分との比較を試みる（両者の対応関係については［別表］参照）。

両者の最大の相違は、『論語』の「先有司、赦小過、擧賢才」の三条に対して、『中弓』では「老老慈幼、先有司、擧賢才、宥過赦罪」の四条が提示され、『論語』にない「老老慈幼」が冒頭に位置付けられている点である。この相違は、『論語』との関係にとどまらず『中弓』の性格を理解する上にも重要な意味をもつと見なされることから、以下にこの問題を中心に考察を加えてみたい。

まず、考察の前提として押さえておきたいのは、『論語』子路篇「仲弓爲季氏宰」章と『中弓』の対応部分との先後関係である。[2] 現行『論語』の成立についてはもとより複雑な経路を想定する必要があり、ここで現行『論語』と『中弓』との直接的な関係を明らかにすることは不可能である。しかし現行『論語』

成立の問題は措くとしても、ごく大まかな道筋として、『中弓』のような一問一答によって教えを説く繁多な内容・構成をもった説話を節略して、『論語』のような簡素な内容・構成をもった説話が形成されるという展開は想定し難く、逆に『論語』のような説話を敷衍することによって『中弓』のような説話が成立したとの推測は十分に可能であると思われる。

［別表］

『論語』子路篇

仲弓爲季氏宰、問政。
子曰、先有司、赦小過、擧賢才。
曰、焉知賢才而擧之。
曰、擧爾所知。爾所不知、人其舍諸。

『中弓』対応部分

仲弓曰、敢問、爲政何先。
仲尼曰、老老慈幼、先有司、擧賢才、宥過赦罪。……
……罪、政之始也。
仲弓曰、若夫老老慈幼、既聞命矣。夫先有司、爲之如何。
仲尼曰、夫民安舊而重遷……有成。是故有司不可不先也。
仲弓曰、雍也不敏、雖有賢才、弗知擧也。敢問、擧才如之何。
仲尼曰、夫賢才不可弇也。擧爾所知。爾所不知、人其舍之諸。
仲弓曰、宥過赦罪、則民可爰?……
［仲尼曰］……山有崩、川有渇、日月星辰猶差、民無不有過。
賢者□……

そこで注目されるのは、『管子』巻十八、入国に見える以下の記述である。

九恵の教えを行う。一に曰く老を老う。二に曰く幼を慈しむ。三に曰く孤を恤《めぐ》む。四に曰く疾を養う。五に曰く独を合す。六に曰く病を問う。七に曰く窮を通ず。八に曰く困を振《すく》う。九に曰く絶を接ぐ。

これは、君主が国都を定めてその地に入るとき、人民に対してまず最初に行うべき九項目の福祉政策（「九恵之教」）を示したものであり、その第一に「老老」、第二に「慈幼」が位置付けられている。「九恵之教」は「老老」「慈幼」「恤孤」「養疾」「合獨」「問病」「通窮」「振困」「接絶」とすべてが同一構文の二字からなり、相互に緊密な関連をもつ。また類似の語は、『孟子』告子下に引く、葵丘の会における盟約の第三条に、

三命に曰く、老を敬い幼を慈しみ、賓旅を忘るること無かれ。

と見え、この語がかなり古い来歴をもつことを物語っている。こうした状況を踏まえるならば、「老老慈幼」には、もともと政策的な条項中の用語であった形跡をうかがうことができよう。

これに対して「老老慈幼」と「先有司、擧賢才、宥過赦罪」の三条との間には緊密な関係性を認め難いことから、『中弓』の説話の原形は孔子が三条を提示する『論語』のような構成であり、「老老慈幼」は後に付加された可能性が高い(3)。

それでは、なぜ「老老慈幼」が付加されなければならなかったのであろうか。これに関連して注目されるのは、対応部分における以下の孔子の発言である。

①仲尼曰く「夫れ民の旧に安んじ遷を重るは……成る有り。是の故に有司を先にせざるべからざるなり」

②仲弓曰く「過を宥し罪を赦さば、則ち民は夋《?》べし……」〔仲尼曰く〕「……山崩るること有り、川渇くこと有り、日月星辰も猶お差わば、民に過あらざる無し。賢者□……」

いずれも欠損を含んで把握し難い部分もあるが、①は民を統治・教化するためにまず役人に率先してやらせること、②は過失は誰にでもあるから、民の過失に対して寛容に対処することを説く内容であったと見なされる。しかも②の仲弓の発言から「宥過赦罪」の対象が「民」であることを仲弓自身がすでに前提としていたことが知られ、この一連の問答は民の統治・教化を主題とすることが明らかとなる。

ところが、『論語』の注釈書に目を転じてみると、子路篇「仲弓爲季氏宰」章の従来の解釈の多くは、『中弓』における孔子の言説とはかなり意味合いを異にすることに気付く。ここでは取り敢えず代表的な注釈書の中から、何晏『論語集解』と朱熹『論語集注』の「先有司」に関する部分を引用してみよう。

『論語集解』

王粛曰く、政を為すには当に先ず有司に任じ、而る後に其の事を責むべきを言う、と。

『論語集注』

有司は衆職なり。宰は衆職を兼ぬ。然れば事は必ず之を彼に先んじ、而る後に其の成功を考うれば、則ち己は労せずして而して事は畢く挙ぐ。

『集解』が引く王粛注は「先有司」を、政治を行うにはまず役人に任せて、後でそのつとめを責めるべきであるとの意味に解釈し、同様に『集注』も宰は多くの役職を束ねる立場にあるので、必ず役人たちに先にやらせてみて、その後で成果を考えるとの意味に解釈している。したがって、これらに従うならば、

「先有司」に続く「赦小過」「擧賢才」は、役人たちを統率する宰が彼らに対してとるべき方策として位置付けられることになる。

このように民の統治・教化を主題とする『中弓』に対して、従来の注釈書の大部分は、『論語』の主題を宰としての実際的な方策と見るわけであるが、ここで十分認識しておかなければならないのは、『論語』の原義について客観的な考察を加えることは困難であるという点である。しかし、原義との関係は問わないとしても、少なくとも先に見た二つの解釈の並立は、『論語』のような内容・構成のままでは、『中弓』が意図する民の統治・教化の主題を明瞭に提示できなかったことを示すものであろう。

これまでの検討を踏まえるならば、「老老慈幼」が冒頭に付加された理由について、おおよそ以下のごとく推測することが可能かと思われる。すなわち「老老慈幼」を冒頭に付加することによって、その後の三条の性格を規定し、以下に展開される問答の主題が民の統治・教化に関わるものであること明確に提示せんとしたのである。したがって、仲弓との一問一答により、孔子自らが「先有司」以下の各条の意味内容を平易に解説するという構成上の改変も、おそらく同じ一連の作業としてなされたものであろう。

それでは、なぜ『中弓』はわざわざこのような改変を加えてまで、民の統治・教化という主題の明確化を図る必要があったのであろうか。次節では、この問題について全体的な観点から考察を加えてみたい。

四　『中弓』の編述意図

すでに繰り返し述べたように、『中弓』の残存二十八簡のうち二十五簡は残簡であり、大部分の排列が不明であるため、その全体構成を把握することは困難である。ここでは、一つの手がかりとして、以下の部分に注目してみたい。

・季桓子、使仲弓爲宰。仲弓以告孔子曰、季氏▱【1】▱使雍也從於宰夫之後。雍也童【4】愚恐貽吾子羞。願因吾子而治。孔子曰、雍、汝▱【26[4]】

季桓子、仲弓をして宰と為さしむ。仲弓以て孔子に告げて曰く「季氏……雍をして宰夫の後に従わしむ。雍や童愚なれば吾子に羞《はずかしめ》を貽《のこ》すことを恐る。願わくば吾子に因りて治めん」孔子曰く「雍、汝……」

これは、季桓子の宰となった仲弓が、孔子に政治についての助言を求める内容であり、これに続く一連の問答の場面設定としての機能を認めることができる。【1】の竹簡は上端が完存しており、その内容から『中弓』の冒頭簡であった可能性がきわめて高いであろう。

この部分は、ちょうど先に検討した『論語』子路篇「仲弓爲季氏宰」章の冒頭「仲弓、季氏の宰と為りて、政を問う」を敷衍した形となっており、しかも『論語』に比べてはるかに入念な表現がとられている。

「願わくば吾子に因りて治めん」との仲弓の発言は、季氏の宰としての仲弓の政治が、孔子の意をうけて実践されることを明言したものであり、見方を変えれば、季氏の宰としての仲弓は、政治に関する孔子の発言を引き出す装置として機能していると言えよう。『中弓』の冒頭部分をこのように理解するならば、これ以後に展開される孔子と仲弓との問答は、言わば政治論の性格をもつものであったと推測される。

　こうした観点から『中弓』の残簡を分析してみると、『論語』対応部分に認められた民の統治・教化にかかわる言説が、他の残簡にも少なからず見いだされることに気付く。『論語』対応部分以外に見える「民」字を含む竹簡を綴合部分もあわせて掲げると以下の通りである。

A〼仲弓曰、敢【27】問民務。孔子曰、善哉、問乎足以教矣。君〼【15】[5]

……仲弓曰く「敢えて民の務めを問う」孔子曰く「善きかな、以て教うるに足るを問えり。君……

B〼刑政不緩、徳教不倦。仲弓曰、若此三【17】者、既聞命矣。敢問、道民興徳如何。孔子曰、申之〼【11】〼服之、緩施《?》而遜力之。唯有孝徳《?》、其【13】[6]

……刑政は緩めず、徳教は倦まず」仲弓曰く「此の三者の若きは、既に命《おしえ》を聞けり。敢えて問う、民を道《みちび》き徳を興すは如何せん」孔子曰く「之を申《の》べ、……之を服し、緩やかに施《?》して之を遜力す。唯だ孝《?》徳有りて、其……」

C〼上下相報以忠、則民歡承教、害□者不〼【22】

……上下相報ゆるに忠を以てすれば、則ち民は歓びて教を承け、□を害する者は不……

Aの仲弓の質問は、民の要務についてであり、これに対して孔子は、教える意義のあるよい質問だとほめている。また、Bの仲弓の質問は、民を導き徳を興す方法についてであり、孔子の回答の部分は缺損によって把握し難いものの、Aと同様『中弓』において民の統治が重要課題として認識されていたことを示している。また孔子の発言の一部と見なされるCには、前後の文脈は不明ながら、「忠」の実践が民の教化に結び付くとの言説を見いだすことができる。このように民の統治・教化という主題は『論語』対応部分のみならず『中弓』全体における中心的な主題の一つであったことが明らかとなるのである[7]。

こうした状況を踏まえるならば、『中弓』が『論語』のような三条の説話に改変を加えて民の統治・教化という主題を明示した理由は、『中弓』という篇全体の政治論としての統一性を強化するためであったと考えることができる。

魯国の有力大夫である季桓子の宰となった仲弓に孔子が政治上の助言を与えるという『中弓』の構成は、孔子が仲弓を介して季氏ひいては魯国の国政に参与するという図式を示すものと理解される。そしてそれは、自ら国政に参与し理想的な統治を行おうとして失敗に終わった孔子の願望を、仲弓との問答という形で実現化したものであり、このような説話の創出は、孔子の権威を高め儒家を隆盛に導くために後学たちが編み出した手だての一つであったと見てよいであろう。

『論語』対応部分がどの段階で『中弓』のような内容・構成をもつ説話に変容したかは、慎重な検討を要する問題であるが、上述した主題の共通性という点から推測して、『中弓』編述の際であった可能性が高いのではないかと思われる。さらに、第二節において指摘した表記上の相違に注目すれば、上博楚簡『中弓』の書写時期は、『論語』対応部分の組み込みからあまり遠く隔たらない、転写による表記の改変を生ずる以前の段階に相当するのではないかと推測される。

おわりに

本章では、上博楚簡『中弓』について『論語』対応部分を中心に検討を加えた。最後に、今後の研究の見通しをまとめておきたい。

これまでに公表された上博楚簡のうち、孔子と弟子との問答からなる文献には『中弓』の他に『民之父母』『子羔』『魯邦大旱』がある。また事前の情報によれば、次回刊行の第四分冊に収録される『相邦之道』には『魯邦大旱』と同じく孔子と子貢との問答が見えるとのことであり、公表が予定されている『顔淵』『子路』もその篇名から推して孔子との問答である可能性が高い。このような佚書の発見によって、戦国期にはこれまで知られなかった大量の孔子と弟子との問答が存在し、それらが弟子ごとに言わば別集のような形で編纂されていた状況が徐々に明らかになってきている。しかもそれらは個々の弟子の身分や個性に応じた内容・性格をもち、全体として多様な説話群を形成していたと推測される。そしてその祖型の一つが、おそらく現行の『論語』に繋がる原初的な説話であったと考えられる。

『韓非子』顕学篇には「世の顕学は儒・墨なり」とあり、孔子の死後に有力な弟子たちが八派に分かれ、儒家が隆盛したことが記されている。上博楚簡に見られる孔門弟子の問答集の編纂も、おそらくこうした儒家の分派・隆盛と密接な関連を有するものであろう。『中弓』における説話の変容について考察を加えた本章は、説話の解析を通して戦国期における儒家思想の変遷を明らかにせんとする試みの一環である。

注

（1）引用は、馬承源主編『上海博物館蔵戦国楚竹書（二）』（上海古籍出版社、二〇〇二年）による。

（2）現在確認されている最古の『論語』は、一九七三年に河北省定州八角廊四十号漢墓より出土した定州漢墓竹簡『論語』であり、墓主である劉脩の卒年との関係から宣帝の五鳳三年（前五五）以前の書写と推定されている。字数にして現行本の約半分が残存し、通用字や助字の有無などの細部の異同を除けば基本的に現行の本文と合致している。子路篇「仲弓爲季氏宰」章の残存状況は、以下の通りである（『定州漢墓竹簡 論語』文物出版社、一九九七年）。

……爲季氏□、問正。子三二……焉知賢財而擧之、曰、擧璽所知、璽所不知、人其舍□三三

こうした状況は、現行『論語』に対応する『論語』のテキストが西漢期に流布していたことを示すものであり、その成立は戦国期に溯ると推測される。

（3）これに従えば、『論語』と『中弓』とに見える「赦小過」と「擧賢才」との順序の入れ替えや「赦小過」と「宥過赦罪」との文字の異同も、冒頭に「老老慈幼」を付加したための調整と解釈されよう。

（4）【4】【26】の綴合は、李鋭「清華大学簡帛講読班第三十二次研討会綜述」（「孔子2000」網站、二〇〇四年四月十五日）に見える李学勤氏の見解に従う。【4】は、その内容から【1】の仲弓の発言の続きと推定されることから、私見により綴合を試みた。

（5）【27】【15】の綴合は〈陳釈〉に従う。
（6）【17】【11】【13】の綴合は〈陳釈〉に従う。ただし〈陳釈〉は【11】と【13】とを直接するが、【11】を上段【13】を下段として整簡を復原した場合、字数は三十字で一簡三十四字～三十七字という容字数を若干下回るため、【11】と【13】との間になお数字の缺失を想定する必要がある。
（7）『中弓』にはこの他に、「祭」「喪」「行」の重要性を説く孔子の発言（【6】【23B】【23A】）や仲弓の「今之君子」批判（【20】【25】）などが見られ、全体として君主の統治論的な性格がうかがわれる。「今之君子」批判は、例えば『礼記』哀公問篇に、

孔子曰く、丘之を聞く。……昔の君子の礼を行う者は此の如しと。公曰く、今の君子は、胡ぞ之を行う莫きやと。孔子曰く、今の君子は、実を好みて厭くこと無く、淫徳ありて倦まず、荒怠・敖慢にして、固より民をして是れ尽きしめ、其の衆に午《さから》いて、以て有道を伐ち、欲に当《かな》うを得んことを求めて、其の所を以てせず。昔の民を用うる者は前に由り、今の民を用うる者は後に由る。今の君子は、礼を為すこと莫きなりと。

とあり、また同じく哀公問篇には「公曰く、敢えて問う、何をか政を為すと謂うと。孔子対えて曰く、政とは正なり」や「孔子遂に言いて曰く、昔三代明王の政は、必ず其の妻子を敬するや道あり」など、『中弓』の【附簡】や【18】と類似する表現も見いだされる。こうした状況は、『中弓』のもつ統治論的性格とおそらく無関係ではなく、民の統治・教化という主題はその中心的な位置を占めるものであったと考えられる。

第七章　『魯邦大旱』における「名」

浅野裕一

一

上博楚簡『魯邦大旱』は全六簡で、現存する文字数は二〇八字である。竹簡の上下端は弧形で、編綫は三道である。第六簡の途中に墨節があり、以下は空白となっている。第一簡は下端残欠、第二簡は下端残欠、第三簡は完簡、第四簡は完簡、第五簡は下端残欠、第六簡は下端残欠となっている。完簡の長さは五五㎝前後である。もともとの篇題はなく、第一簡冒頭の四文字を取って『魯邦大旱』と命名された。字体・簡長・端形などが『孔子詩論』や『子羔』と一致しており、元来は同冊だったと推定されている。以下にその全文を示して置く(1)。

魯邦大旱。哀公謂孔子、子不爲我圖之。孔子答曰、邦大旱、毋乃失諸刑與德乎。唯……」(1)

【哀公曰】、…………【如】之何哉。孔子曰、庶民知說之事、視也。不知刑與德。如毋薆珪璧幣帛於山川、正刑與【德】…………」(2)

出遇子貢曰、賜、爾聞巷路之言、毋乃謂丘之答非歟。子貢曰、否也。吾子若重名[2](命)其歟。如夫正刑與德、以事上天、此是哉。若夫毋薆珪璧」(3)

幣帛於山川、毋乃不可。夫山石以爲膚、木以爲民。如天不雨、石將焦、木將死。其欲雨或甚於我。何必恃乎名乎。夫川水以爲膚、魚以」(4)

爲民。如天不雨、水將涸、魚將死。其欲雨或甚於我。何必恃乎名乎。孔子曰、於呼…………」(5)

公豈不飽粱飫肉哉也。無如庶民何。■」(6)

それでは次に、簡と簡の接続を考えてみよう。第一簡の冒頭は、「魯邦大旱。哀公謂孔子、子不爲我圖之」と、場面設定の文章から始まる。そこでこれが冒頭簡だったことに疑問の余地はない。第一簡の下端は残欠していて、第二簡の冒頭と直接には接続しない。したがって第一簡と第二簡の間には、脱簡が存在する可能性が残る。

第二簡も下端が残欠していて、第三簡の冒頭と直接には接続しない。したがって第二簡と第三簡の間にも、脱簡が存在する可能性が残る。

第三簡と第四簡はともに完簡であり、なおかつ文意も明快に接続する。また第四簡と第五簡も文意が明快に接続する。したがって第三簡・第四簡・第五簡の排列には全く問題がない。

第五簡は下端が残欠しており、第六簡の冒頭と直接には接続しない。したがって第五簡と第六簡の間にも、脱簡が存在する可能性が残る。第六簡は簡の途中に墨節があり、以下は留白となっているから、この簡が篇末に位置していたのは確実である。

このように見てくると、『上海博物館蔵戦国楚竹書』第二分冊（上海古籍出版社・二〇〇二年）に示された排列の正しさを、改めて確認することができる。

二

それでは次に、『魯邦大旱』の内容を見てみよう。哀公十五年（前四八〇年）、魯は『春秋』が「秋八月大雩」と記す大旱魃に襲われる。そこで哀公は、何か対策を考えるよう孔子に求める。すると孔子は、国家が大旱魃に襲われる原因は、刑と徳を適切に判断する政治に失敗した点にあると答える。第一簡はこの後が残欠しているが、恐らく、哀公がこれまでの失政を反省して、ひたすら刑と徳を適切に判断しさえすれば、降雨がもたらされるといった内容の、孔子の発言が記されていたと推測される。

第一簡には雨乞いの祭祠に関する記述が見えない。ところが第二簡では、すでに刑徳を正す政治と雨乞いの祭祠の優劣が論じられている。したがって残欠している第一簡下端と、第一簡の後に存在したであろう脱簡において、哀公は、大旱魃に見舞われた際には、珪璧幣帛を山川に捧げて雨乞いするのが通常のやり方であり、庶民もまたそれを君主に期待しているのに、孔子が政治の在り方さえ正せばそれで十分対処できると進言するのはなぜか、といった内容の反論を行ったと推測される。

これに対して孔子は、庶民が雨乞いの儀式である「説」の祭祠に効果を期待するのは、祭祠の方は庶民も実際に目撃できるのに反して、刑徳を正す政治の側は、その内実を庶民は認識できないからだと答える。その上で孔子は、珪璧幣帛を山川に捧げたりしなくても、刑徳を正す政治さえしっかり行えば、それだけで十分だとの考えを重ねて強調する。第二簡はこの後が残欠しているが、恐らく哀公は孔子の進言を退けて、『春秋』が「秋八月大雩」と記録するように、雨乞いの儀式を行う決定を下したものと思われる。

意見が容れられぬままに朝廷から退出した孔子は、たまたま子貢と出会う。そこで孔子は、子貢よ、お前は巷で、雨乞いは無用だとの私の返答を非難する声を耳にしただろうと尋ねる。すると子貢は、先生を悪く言う噂なんか聞いてませんよと否定する。続いて子貢は、「吾子若重名其歟」と述べる。その上で子貢は、次のように自説を開陳する。

刑徳を正す政治を適切に行って、上天にお仕えしさえすれば、それで降雨の願いも上天に通ずるのです。たとえ珪璧幣帛を山川に隠したりしなくても、何らまずいことはありません。そもそも山は、岩石を己の皮膚とし、樹木を自分が治めるべき人民としています。もし雨が降らなければ、皮膚である岩石は焼け焦げ、人民である樹木は枯れ死んでしまいます。そうであれば、我々よりも山の方が、はるかに強く降雨を望んでいるとしなければなりません。どうして「名」を頼りにしたりしましょうや。

そもそも川は、水を己の皮膚とし、魚を自分が治めるべき人民としています。もしこのまま雨が降らなければ、皮膚である水は涸れ尽きてしまい、人民である魚たちも死に絶えてしまうでしょう。そうであれば、我々よりも川の方が、はるかに強く降雨を望んでいるとしなければなりません。どうして「名」を頼りにしたりしましょうや。

子貢にそう言われた孔子は、当然何かを答えたはずだが、その部分は残欠しており、答えの内容は不明である。前後の文脈から判断するに、孔子の答えは恐らく次のような内容であったろう。

ああ、お前の言う通りだ。大旱魃の際には、君主は自ら率先して粗食に甘んじ、干害による飢饉に備えて食糧を節約するよう呼び掛けなければならない[3]。しかるに哀公には非常時だとの認識がまるでなく、これまで通りの飽食三昧を続けている。そんな心掛けで雨乞いだけをしてみても、庶民を旱魃から救うことなどできはしないのだ。

三

『魯邦大旱』の全体構成は、上述のように理解できるのだが、なお解釈の難しい箇所が残されている。それは子貢の発言中に三回登場する「名」である。

（1）吾子若重名其歟。
（2）何必恃乎名乎。
（3）何必恃乎名乎。
この中の（1）は、子貢が孔子に対して、若干の批判的意味を込めて発した言葉である。これを「あなたは自分の名声を大事にしたいのですか」と解釈したのでは、前後の文意が繋がらない。

また（2）と（3）は、旱魃になって一番困るのは山と川なのだから、もし山や川に雨を降らせる霊力があるのなら、人間が祈るまでもなく、山と川はとっくの昔に雨を降らせているはずで、それをしない以上、山川にそうした能力がないのは明白だとする論理展開の後に登場する。この（2）と（3）の「名」を、名声もしくは名称の意味に解したのでは、やはり前後の文意が接続しない。

そこでこれら三箇所の「名」は、名声とか名称の意味ではないと考えざるを得ない。実は『魯邦大旱』と極めてよく似た話が、『晏子春秋』の中にも見える。それでは『魯邦大旱』と『晏子春秋』を比較する方法によって、「名」の意味を探れるであろうか。以下に『晏子春秋』晏子諫・第十五「景公欲祠靈山河伯以禱雨」を示してみる。


齊大旱逾時。景公召群臣問曰、天不雨久矣。民且有飢色。吾使人卜云、祟在高山廣水。寡人欲少賦斂、以祠靈山。可乎。群臣莫對。晏子進曰、不可。祠此無益也。夫靈山固以石爲身、以草木爲髮。天久不雨、髮將焦、身將熱。彼獨不欲雨乎。祠之何益。公曰、不然。吾欲祠河伯、可乎。晏子曰、不可。河

河伯出行図

伯以水爲國、以魚鼈爲民。天久不雨、泉將下、百川將竭、國將亡、民將滅矣。彼獨不欲雨乎。祠之何益。景公曰、今爲之奈何。晏子曰、君誠避宮殿暴露、與靈山河伯共憂、其幸而雨乎。于是景公出野暴露三日、天果大雨、民盡得種時。景公曰、善哉、晏子之言、可無用乎。其維有德。

あるとき齊が大旱魃に襲われ、景公が霊山を祭祠して雨乞いしてはどうかと下問するとの場面設定と、晏嬰が霊山や河伯への祭祠は無用だと答えるとの展開は、『魯邦大旱』と極めてよく似ている。ただし祭祠の対象が、『魯邦大旱』では山と川なのに対して、『晏子春秋』では霊山と河伯とされていて、両者は微妙な違いを見せている。『晏子春秋』は霊山の側を人間の身体になぞらえ、河伯の側のみを君主になぞらえている。霊山は神霊が棲む山ではあるが、本体はあくまでも山である。これに対して河伯は、単なる河川ではなく、水神なる神格が本体である。そのため『晏子春秋』では、河伯の側だけを国家を統治する君主になぞらえているのであろう。

ところが『魯邦大旱』は、山と川を人間の身体になぞらえると同時に、君主にもなぞらえる。つまり『魯邦大旱』は、『晏子春秋』の霊山と河伯の性格を、山と川の双方に同時に持たせているのである。

また『晏子春秋』では、晏子の諫言を聞き入れた景公が、自らの身を干天に曝して降雨を祈り、降雨が実現した後、景公が晏子の諫言を賞賛する結末で篇が終わる。つまり『晏子春秋』の方は、『魯邦大旱』の前半、哀公と孔子の問答に相当する部分だけで完結する形になっていて、後半の孔子と子貢の問答に相当する部分が存在していないのである。

このように、両者の間にはさまざまな差異が存在するのだが、それにもかかわらず、晏子の霊山や河伯に対する否定的発言と、子貢の山と川に対する否定的発言は、極めて似通っている。しかるに『魯邦大旱』で問題とした（1）（2）（3）の中、（1）の対応部分は『晏子春秋』になく、（2）（3）に対応する箇所は、『晏子春秋』ではいずれも「祠之何益」となっていて、「名」字が使用されていない。そのため『晏子春秋』と比較しても、「名」そのものの意味を直接解明することはできない。ただし「祠之何益」との対応から、「何必恃乎名乎」の文が山川への祭祠が無益だとの意味であろうとの予測は成立する。

それでは問題の「名」の意味は、どのように考えればよいのであろうか。筆者は問題の「名」は、山川の祭祠との関係から、「神明」の「明」ではないかと考える。「神明」は「昔者聖人之作易也、幽賛於神明而生蓍」（『易』説卦伝）とか、「勞神明爲一」（『荘子』斉物論篇）のように、「神」と「明」の違いがことさら区別されずに、「神明」で一語のように用いられる場合もある。

だが「神」と「明」が別々の存在として明確に区別される場合もある。例えば次に示す郭店楚簡『太一生水』がそうである。

太一生水。水反輔太一、是以成天。天反輔太一、是以成地。天地【復相輔】也、是以成神明。神明復相輔也、是以成陰陽。陰陽復相輔也、是以成四時。四時復相輔也、是以成滄熱。滄熱復相輔也、是以成濕燥。濕燥復相輔也、成歳而止。

『太一生水』では、最初に太一が水を生じ、次に水が太一を輔けて天を生成する。次に天は太一を輔けて地を生成する。続いて天と地が協同して神と明を生成する。次に神と明が協同して陰と陽を生成する。つまり『太一生水』の宇宙生成論では、「太一生水」の段階では単一のもの（太一）から単一のもの（水）が生まれ、「水反輔太一、是以成天」と「天反輔太一、是以成地」の段階では、二つのもの（水と太一、天と太一）から単一のもの（天、地）が生まれ、「天地【復相輔】也、是以成神明」と「神明復相輔也、是以成陰陽」の段階では、二つのもの（天と地、神と明）から二つのもの（神と明、陰と陽）が生み出される形を取っている。[4]

したがって、『太一生水』において「神」と「明」が別々の存在として区別されていることは明白である。しかも、天―神―陰、地―明―陽の対応関係が設定されていることも判明する。

それでは地と対応関係を持つ「明」とは、いかなる存在なのであろうか。これを考える上で重要な手掛かりを提供するのは、次に示す『荘子』天下篇の冒頭部分である。

天下之治方術者多矣。皆以其有、爲不可加矣。古之所謂道術者、果悪乎在。曰、無乎不在。曰、神何由降、明何由出。聖有所生、王有所成、皆原於一。

「神何由降、明何由出」との表現から、「神」が上方から下方へ降下する性格を持ち、逆に「明」が下方から上方に進出・上昇する性格を持つことを確認できる。この場合の上下は、後文に「古之人、其備乎。配神明、醇天地、育萬物、和天下」とあるように、天と地を指すであろう。したがって「神」は、自然現象としては天界から地上に降下する稲妻（電）の類を、神格としては天界から地上に降臨する「天神」の類を指す可能性が高い。そして一方の「明」は、自然現象としては地下から発生・上昇してくる陽炎の類を、神格としては大地に潜む「地祇」の類を指す可能性が高いであろう。

『太一生水』では地－明－陽の対応関係が示されていたが、地と陽の関係については、「古者、太史順時覛。陽癉憤盈、土氣震發、農祥晨正、日月底于天廟、土乃脉發」と、『国語』周語上に関連する記述がある。これによれば、土中に陽が潜んでいて、立春の日が近づくと地表に奮発してくるという。さらに『国語』周語上では、「夫天地之氣、不失其序。若過其序、民亂之也。陽伏而不能出、陰迫而不能烝、於是有地震」と、地震の原因は、天の陰が地中の陽を圧迫して地上に出られなくするためだと説明される。「明何由出」との『荘子』天下篇の表現も、地下に明－陽が潜伏するとの思考を踏まえたものであろう。

「明」について白川静『字統』（平凡社・一九八四年）は、「古く穴下式の住居では、中央に方坑を掘り、その四方に横穴式の居室を作る。全体が亞字形をなし、中央の方坑のところが光の入るところで、すなわち明堂であった。その方坑に面したところが明、そこに神を迎えて祀るので、明は囧と月とに従う。故に神事を明といい、聖職を明公・明保という」と説く。これによっても、古代に地下と「明」を結び付ける思考が存在していたことが裏付けられる。

このように見てくると、「神」が天に関わるのに対して、「明」は地に関わるもので、地神を指す概念だと考えられる。『魯邦大旱』の「薆珪壁幣帛於山川」とは、山腹に坑を穿って供物を埋めたり、川底に供物を沈める祭祠形態を指している。したがってこれは、「神明」の中、特に「明」の側を意識した、地神及び水神への祭祠形態だと言える。もっとも『魯邦大旱』の用法は、すでに原義から遠ざかり、神事一般を指す引伸義へと変化している可能性もある。

以上の考察を踏まえて、筆者は問題の「名」を「明」と解し、地神及び水神への神事の意味に解釈すべきだと考える。[5] それによって子貢の発言（1）（2）（3）も、前後の文脈の中で整合的に解釈することが可能となる。

まず（1）の「吾子若重名其歟」は、山川への祭祠を無用とした自分の答えが、庶民の非難を招いたのではないかと気にかける孔子に対し、先生はまだ地神・水神への神事に意味を認めているのですかと、子貢がその不徹底さを指摘した発言と解釈できる。そこで子貢は、地神及び水神への祭祠がいかに無益かを、徹底した論理で開陳するのである。

また（2）と（3）の「何必恃乎名乎」は、どうして地神・水神への神事に効果を期待したりできましようやと、山川に対する祭祠の有効性を全面的に否定した発言と解釈できる。すなわち『晏子春秋』の「祠之何益」と同じ意味になるわけである。

四

それでは最後に、『魯邦大旱』が古代中国思想史にどのような意味を持つのか検討してみよう。『魯邦大旱』では、孔子や子貢によって、山川に供物を捧げる雨乞いの祭祠の有効性を否定し、君主の為政を神事よりも重視すべきだとの思考が説かれていた。これに類似する思考は、以下に列挙するように『左伝』の中にも数多く見える。

（A）及惠公在秦曰、先君若從史蘇之占、吾不及此夫。韓簡侍曰、龜象也、筮數也、物生而後象、象而後滋、滋而後數。先君之敗德、及可數乎。史蘇是占、勿從何益。（僖公十五年）

（B）周內史叔興聘于宋。宋襄公問焉曰、是何祥也、吉凶焉在。對曰、今茲魯多大喪、明年齊有亂、君將得諸侯而不終。退而告人曰、君失問。是陰陽之事也。非吉凶所生也。吉凶由人。（僖公十六年）

（C）晉人聞有楚師。師曠曰、不害。吾驟歌北風、又歌南風、南風不競、多死聲。楚必無功。董叔曰、天道多在西北、南師不時。必無功。叔向曰、在其君之德也。（襄公十八年）

（D）夏五月、火始昏見、丙子風。梓慎曰、是謂融風、火之始也。七日其火作乎。（中略）子産曰、天道

遠、人道邇。非所及也。何以知之。竈焉知天道。（昭公十八年）

（E）齊有彗星。齊侯使禳之。晏子曰、無益也。祇取誣焉、天道不諂、不貳其命、若之何禳之。且天之有彗也、以除穢也。君無穢德、又何禳焉。若德之穢、禳之何損。（中略）祝史之爲、無能補也。公説乃止。（昭公二十六年）

まず（A）では、「史蘇之占」が「先君之敗德」なる人事の背後に退けられている。また（B）では、隕石や六鷁退飛などの異変現象が、吉凶を生ずる原因ではなく、単なる「陰陽之事」、自然現象に過ぎないと処理された上で、「吉凶由人」と人事の優位が強調される。（C）では、瞽官の師曠が吹律聴声によって、史官の董叔が天道の推移によって、それぞれ楚軍の敗北を予言したのに対して、大夫・叔向が勝敗は双方の君主の徳如何によると批判したことが記される。さらに（D）においては、梓愼が星の運行から七日後の火災発生を告げ、裨竈が災いを祓わんとした事件に対して、子産は「天道遠、人道邇。非所及也。何以知之。竈焉知天道」と批判して、裨竈による祓除の有効性を否定している。最後の（E）では、彗星の出現に怯え、祝史に祟りを祓わせんとした齊侯に向かい、晏嬰は、何よりも君主の徳を重視すべきであって、人事さえ確立されていれば、天道の推移に一喜一憂する必要はないと批判する。

以上紹介した『左伝』の例では、卜筮による占い、占星術や吹律聴声による予言、祓除の呪術などの天道思想に基づく神秘主義的行為から、君主の徳といった人事の側へと重点が移行している。そしてこれに類する話は、『礼記』檀弓下にも見える。

歳旱、穆公召縣子而問然、曰、天久不雨、吾欲暴尩而奚若。曰、天則不雨、而暴人之疾子虐。毋乃不可與。然則吾欲暴巫而奚若。曰、天則不雨、而望之愚婦人、於以求之、毋乃已疏乎。徙市則奚若。曰、天子崩、巷市七日。諸侯薨、巷市三日。爲之徙市、不亦可乎。

魯の穆公は縣子を呼び出し、顔面があお向けの身障者を日に曝して、天に雨乞いをしてはどうかと尋ねる。すると縣子は、そもそも天が雨を降らそうとしていないのに、身障者を曝すのは無慈悲な蛮行だと反対する。そこで穆公は、巫を曝すのならどうかと尋ねる。ところが縣子は、天が雨を降らすまいとしているのに、愚昧な婦人に降雨を期待するのは、甚だ道理に外れた考えだとして、やはり反対する。結局穆公は、喪礼に準じて市場を移す方策を提案し、今度は縣子もそれに賛同する。

穆公の諮問を受けた縣子は、顔があお向けで、あたかも天に憐れみを乞うかのように見える身障者や、巫祝の女性を炎天下に曝して雨乞いするといった行為の有効性を、人倫に悖るとか、道理に合わないといった理由を挙げて否定している。結局縣子は、旱魃の被害を服喪に準ずる非常事態と見なし、喪礼と同じく市場を移動して、人民の苦難に哀悼の意を表する提案にのみ同意する。

やはりこの話でも、神秘的巫術の類が無益だと否定されて、倫理に依拠する政治の側を重視するよう求められている。ただし、神秘的巫術の類を否定するとはいっても、一方で縣子は、天が雨を降らそうとしない以上、愚婦人に天の意志を変えさせる力はないと述べて、上天の権威自体は認めている。

縣子の思考は、『魯邦大旱』における子貢の立場が、「事上天」の方は肯定しながら、「蔓珪璧幣帛於山川」「恃名」の側を否定していたのと同じ性格を示す。これと同様の傾向は、前掲の（A）（D）（E）などにも見出だされる。（A）では、卜筮が完全に否定されるわけではなく、「先君之敗徳」なる人事の側をより重視すべきだと語られている。また（D）においても、人間界を制御する「天道」の権威までが否定されているのではなく、稗竈の巫術ごときで深遠な天道を予知はできないとされるに留まっている。さらに（E）でも、「天道不諂、不貳其命、若之何禳之。且天之有彗也、以除穢也」と、天道の権威は承認された上で、巫術を用いて天道の命を操作することはできないと主張されるに留まっている。

このように、上天や天道の権威自体は必ずしも否定せず、巫術を用いて上天や天道に働きかけようとする方法のみを否定する立場は、神秘的存在を全面的には否定しない点で、不徹底な思考だとも言える。「子曰、務民之義、敬鬼神而遠之、可謂知矣」（『論語』雍也篇）「子不語怪力亂神」（同・述而篇）「夫子之言性與天道、不可得而聞也已矣」（同・公冶長篇）などと記録される孔子の態度も、それと近似した性格を示す。

こうした傾向は、戦国後期の荀子に至っても依然として引き継がれている。『荀子』は「雩而雨何也。曰、無何也。猶不雩而雨也。日月食而救之、天旱而雩、卜筮然後決大事、非以爲得求也。以文之也」（天論篇）と、巫術を単なる文飾に過ぎぬとしてその実効性を否定する一方、「以盲爲明、以聾爲聰、以危爲安、以吉爲凶。嗚呼上天、曷維其同」（賦篇）と、無道の世を嘆いて、上天に訴え叫ぶ不徹底さを残している。

巫術を恃む政治から、人知と倫理を重視する政治への転換を説く思想は、鄭の子産、晉の叔向、齊の晏嬰など、貴族として君主を輔佐する賢人政治家が活躍した春秋後期、前六世紀に興った新たな思潮である。『魯邦大旱』もそうした新たな思潮を受けて、孔子を賢人政治家の列に加え、彼等と肩を並べさせようとする意図から、孔子の後学によって生み出された著作であろう。子貢は孔子を淩ぐとすら評された切れ者であったが、世間の評判を懸念して気弱になりかけた孔子に対し、より徹底した理論武装を提供して、孔子を励ます役を演じているのが子貢であることを考慮すれば、『魯邦大旱』が子貢の後学の手になった可能性も考えられる。

『魯邦大旱』について、もう一つ指摘すべきは、「刑徳」の語が見える点である。刑徳併用を説く思想の淵源は『国語』越語下の范蠡言にあり、そこでは「德虐之行、因以爲常」と、「德」と「虐」の対応となっている。この思想を継承したのが、長沙馬王堆三号前漢墓から出土した、『経法』『十六経』などの黄帝書である。(6) この中『経法』では、「因天之生也以養生、謂之文、因天之殺也以伐死、謂之武。文武幷行、則天下從矣」(君正篇)とか、「文武幷立、命之曰上同」「因天時伐天毀、謂之武。武刃而以文隨其后、則有成功矣。用二文一武者王」(四度篇)と、「文」と「武」の対応が用いられている。

『十六経』では、「德虐无型、靜作无時」(觀篇)「靜作相養、德虐相成」(果童篇)と、『国語』越語下と同じく「德」と「虐」の対応が見られる他、「而正之以刑與德。春夏爲德、秋冬爲刑。先德后刑以養生」「凡戡之極、在刑與德」「先德后刑、順于天」(觀篇)と、「刑」と「德」の対応が見える。

黄帝書以外で「刑」と「徳」の対応を使用する例としては、「二柄者刑徳也。何謂刑徳。曰、殺戮之謂刑、慶賞之謂徳」と、『韓非子』二柄篇の名を挙げることができる。黄老思想が形成されたのは戦国後期と推定されており、韓非が活動したのもやはり戦国後期である。そこで従来は、刑と徳を対応させる政治思想が登場してきたのは、戦国後期になってからだと考えられてきた。

しかし上博楚簡『魯邦大旱』の発見によって、これまでの見方を修正する必要が生じてきた。上博楚簡は盗掘品であるため出土地点は不明で、副葬された時期もはっきりしない。そこで中国科学院上海原子核研究所において、炭素14を用いた年代測定が行われた。その測定結果は二二五七±六五年前で、一九五〇年が国際定点であるから、上博楚簡は前三〇八±六五年、つまり前三七三年から前二四三年の間の書写となる。『上海博物館蔵戦国楚竹書』第一分冊・前言は副葬時期について、竹簡や字体の分析、郭店楚簡との比較から、楚が秦の攻撃を受けて郢から陳に遷都する前二七八年以前と推定している。したがって上博楚簡の書写年代は、前三七三年から前二七八年の間となる。

とすれば、原著の成立時期は当然写本の書写年代を遡るから、『魯邦大旱』は遅くも戦国前期（前四〇三〜前三四三年）から戦国中期（前三四二〜前二八二年）の前半にかけて、すでに成立していたと見なければならない。もとより春秋末の成立である可能性も残される。そこで儒家が刑と徳を対応させる思想を導入した時期も、春秋末から戦国前期にかけてと推定できる。

上述のように「刑徳」の淵源は、『国語』越語下の范蠡言に登場する「徳虐」にある。越語下において越王句践に徳虐併用の戦略を指南した范蠡は、呉の滅亡後、越を去って斉に赴く。こうした伝承は、徳虐併用の思想が斉に伝播した状況を示唆する。(7) 実際、斉で編纂された『管子』の中にも、「大文三會而貴義與徳、大武三層而偃武與力」（勢篇）とか、「先徳後刑、順於天、微度人」（勢篇）と、「文」と「武」の対応や「刑」と「徳」の対応が見える。

『魯邦大旱』は、魯や斉といった山東地域で著作された可能性が高いが、その際、斉に伝わっていた刑と徳を対応させる思想を取り込んだのであろう。これまでは、儒家は徳や文一辺倒で、刑や武に対しては全く否定的だったと理解されてきた。だが『魯邦大旱』の発見によって、少なくも儒家の一部が、春秋末から戦国前期といったかなり早い段階から、刑と徳を対応させる統治論を導入し、より現実的な政治思想を形成していた事実が判明した。(8) この点も、従前の古代中国思想史に修正を迫るものであろう。

注

（1）『魯邦大旱』の引用は、『上海博物館蔵戦国楚竹書』第二分冊の釈文による。理解の便を図るため、通行の字体に改めた箇所があるが、繁雑を避けて逐一の注記を省いた。

（2）ここの原文は「命」であるが、『上海博物館蔵戦国楚竹書』第二分冊では「名」に釈読されている。なお「名其」は「其名」の誤倒であろう。

（3）飢饉の際の対応に関しては、『墨子』七患篇に以下のような記述がある。

一穀不收、謂之饉。二穀不收、謂之旱。三穀不收、謂之凶。四穀不收、謂之餽。五穀不收、謂之饑。歳饉則仕者大夫以下皆損祿五分之一。旱則損五分之二。凶則損五分之三。餽則損五分之四。饑則盡無祿。稟食而已矣。故凶饑存乎國、人君徹鼎食五分之三。大夫徹縣。士不入學。君朝之衣、不革制。諸侯之客、四鄰之使、雍食而不盛、徹驂騑、塗不芸。馬不食粟、婢妾不衣帛。此告不足之至也。

また次に示す『孔子家語』曲禮子貢問篇にも、斉の景公に孔子が飢饉への対応策を述べた記述が見える。

孔子在齊。齊大旱。春饑。景公問於孔子曰、如之何。孔子曰、凶年則乗駑馬。力役不興。馳道不修。祈以幣玉。祭祀不懸。祀以下牲。此賢君自貶、以救民之禮也。

(4)『太一生水』については、拙稿「郭店楚簡『太一生水』と『老子』の道」(『中国研究集刊』第二十六号・二〇〇〇年)参照。

(5)『魯邦大旱』の竹簡に記された二箇所の「名」の字体は次のようである。

また郭店楚簡に記される「名」と「明」の字体は次のようである。

「名」 

「明」 

このように「名」と「明」は字形が近く、誤写を生じた可能性がある。
また「名」の音は王力氏によれば耕部・明母に属し、「明」の音は陽部・明母に属す。部は異なるものの、段玉裁の古韻分部では、「耕部」は十一部で「陽部」は十部であり、部が近い文字は音通した可能性がある。『礼記』檀弓上篇には「子夏喪其子、而喪其明」とあるが、後漢の「冀州従事郭君碑」は同じ事柄を「卜商喪子失名」と刻す。これも「明」が「名」と表記された例証となる。

(6) 黄帝書に関しては、拙著『黄老道の成立と展開』(創文社・一九九二年)参照。

(7) この点については注(6)の拙著参照。

(8) 武内義雄『易と中庸の研究』(岩波書店・一九四三年)は、『禮記』の表記・坊記・緇衣三篇がしばしば賞罰に言及するのは法家の影響だとして、それを三篇が韓非子以後、戦国末から秦初の成立である論拠の一つにしている。だが郭店楚簡には、「賞與刑、禍福之基也」(『尊徳義』)とか「未賞而民勸、含福者也。未刑而民畏、有心畏者也」(『性自命出』)と、刑賞への言及が見られる。この点も、儒家が「刑」と「徳」を対応させる統治論を取り込んだ時期が、戦国中期以前だったことを物語る。

第八章　『魯邦大旱』における刑徳論

浅野裕一

一

筆者は「上博楚簡『魯邦大旱』裡的「名」」と題する論文で、『魯邦大旱』について考察を加えたことがある。[1]しかし前稿では、「名」字の解釈に主眼を置いたため、そこに見える刑徳論については、充分な検討を行うには至らなかった。そこで本稿では、『魯邦大旱』に見える刑徳論を取り上げ、それがいかなる論理構造なのかを考察してみたい。まず初めに、『魯邦大旱』の全文を以下に示して置く。[2]

魯邦大旱。哀公謂孔子、子不爲我圖之。孔子答曰、邦大旱、毋乃失諸刑與德乎。唯………【哀公曰】、………【如】之何哉。孔子曰、庶民知說之事、視也。不知刑與德。如毋薆珪璧幣帛於山川、正刑與【德】………出遇子貢曰、賜、爾聞巷路之言、毋乃謂丘之答非歟。子貢曰、否也。吾子若重其明歟。如夫正刑與德、以事上天、此是哉。若夫毋薆珪璧幣帛於山川、毋乃不可。夫山石以爲膚、木以爲民。

如天不雨、石將焦、木將死。其欲雨或甚於我。何必恃乎明乎。夫川水以爲膚、魚以爲民。如天不雨、水將涸、魚將死。其欲雨或甚於我。何必恃乎明乎。孔子曰、於呼、………公豈不飽粱飫肉哉也。無如庶民何。

魯邦に大旱あり。哀公孔子に謂《いわ》く、子は我が為に之を図らざるかと。孔子答えて曰く、邦に大旱あるは、乃ち諸《これ》を刑と徳とに失うこと毋からんか。唯だ……。【哀公曰く】、………之を【如】何せんやと。孔子曰く、庶民説の事を知るは、視ればなり。刑と徳とを知らず。如《も》し珪璧・幣帛を山川に蔓《かく》すこと毋きも、刑と【徳】とを正して………。出でて子貢に遇いて曰く、賜よ、爾《なんじ》巷路の言を聞くに、乃ち丘の答えを謂いて非とすること毋からんかと。子貢曰く、否なり。吾子若《ある》いは其の明を重んずるか。如し夫《か》の刑と徳とを正して、以て上天に事《つか》うれば、此れ是《ぜ》なるかな。若《も》し夫の珪璧・幣帛を山川に蔓すこと毋きも、乃ち不可なること毋し。夫れ山は石以て膚と為し、木以て民と為す。如し天雨ふらさざれば、石は将に焦げんとし、木は将に死せんとす。其の雨を欲すること我より甚だしきもの或り。何ぞ必ずしも明を恃《たの》まんや。夫れ川は水以て膚と為し、魚以て民と為す。如し天雨ふらさざれば、水は将に涸れんとし、魚は将に死せんとす。其の雨を欲すること我より甚だしきもの或《あ》り。何ぞ必ずしも明を恃まんやと。孔子曰く、於呼《ああ》、………公豈に粱に飽き肉に飫《あ》かざらんや。庶民を如何ともする無しと。

二

『魯邦大旱』の刑徳論は、哀公に対する孔子の発言中に二度、子貢の孔子に対する発言中に一度、計三回登場する。ただし何が刑であり、何が徳であるのか、刑と徳の中身が明示的に説かれてはいないので、「諸を刑と徳とに失う」「刑と徳とを知らず」とか、「刑と徳とを正す」といった行為の具体的内容は、一見分かりづらい。

だが刑と徳の中身を推し量る手掛かりが全くないわけではない。最も重要な手掛かりは、「邦に大旱あるは、乃ち諸を刑と徳とに失うこと毋からんか」との孔子の発言の中にある。ここで孔子は、魯が大旱魃に襲われた原因を、「刑と徳とに失」った過失に求めている。したがって『魯邦大旱』は「大旱」と「刑與徳」の間に、「刑と徳とに失う」との過失が「大旱」なる災殃を招いたとの因果関係を設定しているとしなければならない。

それでは、「大旱」なる災殃を降したのは誰なのであろうか。それを探る手掛かりは、「如し夫の刑と徳とを正して、以て上天に事うれば、此れ是なるかな」との子貢の発言中にある。ここでは「刑と徳とを正す」行為こそが、上天にお仕えする手段とされている。してみれば、「刑と徳とに失う」との過失に対し、「大旱」なる懲罰を降した主体は、上天以外には考えられないであろう。

つまり前四八〇年に魯を襲った大旱魃は、単なる自然災害ではなく、上天が魯に降した天罰だったのである。しからば「大旱」なる天罰を招く原因となった「刑と徳とに失う」との過失は、具体的にはいかなる行為を指すのであろうか。それは次のように考えられる。魯ではすでにかなり前から、雨が降らない状態が続いていた。哀公はこの現象を、上天が自己の失政を咎めて降した刑罰、天刑だと受け止め、反省して為政の在り方を改める必要があった。だが哀公はそのように理解しようとはせず、為政の在り方を悔い改めようともしなかった。

このように干天が続く事態を、上天が自己の失政を咎めて降した天刑だと察知できなかった行為が、すなわち「刑と徳とに失う」との過失だったのである。その結果、上天は譴責の意図を理解しない哀公に対して、さらに怒りを募らせ、その後も干天を持続させて、当初の「旱」を現在の「大旱」へと拡大させたのである。孔子が「邦に大旱あるは、乃ち諸を刑と徳とに失うこと毋からんか」と哀公に説いたのは、こうした論理からであったと推測できる。もしこれとは逆に、哀公がこの現象を上天が自己の失政を咎めて降した天刑だと受け止め、反省して為政の在り方を改めたならば、それは「刑と徳とを正して、以て上天に事」えた行為となるのである。

それでは上天は、哀公のいかなる失政を咎めたのであろうか。失政の内容を窺わせるのは、篇末の孔子の発言である。ここで孔子は、「公豈に梁に飽き肉に飫かざらんや。庶民を如何ともする無し」と、哀公の行状を批判する。『魯邦大旱』の中で哀公が批判されるのはこの箇所のみであるから、これが失政の内容だったと判断される。つまり上天は、民衆の生活苦をよそに飽食三昧に耽る哀公の奢侈を失政と見なし、飢饉をもたらす干天を持続させて、譴責の意図を告げたのである。

これまで「刑」の中身について検討してきたが、一方の「徳」の中身はどのように考えられるであろうか。「刑」の中身が上述のようなものである以上、「徳」の中身は、上天が君主の善政を嘉納して与えた天賞を指すことになろう。具体的には、適時に雨が降り、穀物が豊饒に実り、家畜も順調に成育するといった現象が、自らの贅沢を戒め、冗費を省いて民衆の生活を安定させようと努める君主が、上天より賜った恩徳となる。

こうした状態が続いた場合、君主はそれを単なる自然現象と理解してはならず、自己の為政を上天が評価して下賜した徳と受け止めて、引き続き善政に努める姿勢を堅持しなければならない。これもやはり、「刑と徳とを正して、以て上天に事」えた行為となる。

「刑」と「徳」の内容がこうしたものだとすれば、結局それは、上天の君主に対する賞罰を意味していたことになる。それでは『魯邦大旱』は、「刑と徳とを正して、以て上天に事う」る行為と雨乞いの祭祀との関係を、どのように考えているのであろうか。

三

哀公から大旱魃への対応策を諮問された孔子は、「邦に大旱あるは、乃ち諸を刑と徳とに失うこと毋からんか。唯だ………」と答えている。答えの後半部分は欠損しているが、恐らく「ただ刑と徳を正して為政の在り方を改めさえすれば、上天の怒りも解けて、降雨がもたらされるはずだ」といった内容だったと推測される。これに対して哀公は、「………之を【如】何せんや」と、再度孔子に回答を求めている。哀公の発言の大部分は欠損しているが、後に続く孔子の発言の内容から、「庶民は君主である自分に対して、雨乞いの祭祀をしてくれるよう強く期待している。これをどうすればよいのか」といった内容だったと推測される。

この哀公の問いに対し、孔子は「庶民説の事を知るは、視ればなり。刑と徳とを知らず。如し珪璧・幣帛を山川に薆すこと毋きも、刑と【徳】とを正して…………」と応答する。庶民が雨乞いの儀式である「説」の祭祀に効果を期待するのは、祭祀の様子を目で見て確認できるからだ。これに対して刑と徳とを正す政治の側は、君主が天候から上天の意図を察知するとの形態を取るため、庶民にはその内実が目撃できない。そのため庶民には、刑と徳とを正す政治の重要性が認識できないのだ。山川に珪璧・幣帛などの供物を隠して雨乞いの祭祀をしなくても、刑と徳を正して為政の在り方を改めさえすれば、上天の怒りも解けて、必ずや降雨がもたらされるであろう。これが孔子の回答の内容だったと推測される。竹簡はこの後が欠損しているが、恐らく哀公は孔子の意見を退け、『春秋』哀公十五年が「秋八月大雩」と記録するように、雨乞いの祭祀を行う決定を下したものと思われる。こうした哀公と孔子のやり取りから、刑と徳とを正す政治さえきちんとやれば、雨乞いの祭祀など必要ないとするのが、孔子の立場だったことが判明する。

魯を大旱が襲った唯一の原因は、哀公が干天に込められた上天の譴責意図を察知できずに「刑と徳とに失う」過失を犯し、上天のさらなる怒りを招いた点にある。とすれば、哀公が上天の譴告に恐懼してこれまでの為政を反省し、飽食三昧の奢侈を改めさえすれば、唯一の原因が除去されるわけだから、上天の懲罰である「大旱」も解除され、慈雨がもたらされる。したがって実際に効果があるか否かはともかく、雨乞いの祭祀は不要である。刑徳を正す政治と雨乞いの祭祀との関係を、孔子はこのように考えていたと思われる。

しかるに『魯邦大旱』では、子貢が孔子に向かい、雨乞いの祭祀がいかに無益かを重ねて力説する構成が取られている。それでは、孔子と子貢の間には、いかなる立場の違いが設定されているのであろうか。

子貢が孔子に弁舌を振るう契機となったのは、「賜よ、爾巷路の言を聞くに、乃ち丘の答えを謂いて非とすること毋からんか」との孔子の発問である。ここで孔子は、お前は巷で、哀公に対する私の答えを非難する声を聞いてはいないかと尋ねている。つまり孔子は、雨乞いの祭祀の効果に強い期待を寄せる庶民が、雨乞いを不要とした自分の返答を謗る事態を懸念したのである。

子貢像

これに対して子貢は、「否なり。吾子若いは其の明を重んずるか」と応ずる。すなわち子貢は、そんな悪評は聞いてませんと孔子の心配を打ち消したのち、ひょっとして先生は、雨乞いの祭祀に意義を認めておられるのですかと、孔子の不徹底さを指摘したのである。雨乞いの祭祀に期待する庶民からの反発を気にかける孔子の発言が、子貢には不徹底で弱気な態度と映ったからであろう。

そこで子貢は、雨乞いの祭祀がいかに無益であるかを、滔々とまくし立てる。刑徳を正す政治をきちんと行って、上天にお仕えしさえすれば、降雨の願いも上天に通ずるのです。たとえ珪璧・幣帛を山川に隠したりしなくても、何らまずいことはありません。そもそも山は、岩石を己の皮膚とし、樹木を自分が治めるべき人民としています。もしこのまま雨が降らなければ、皮膚である岩石は焼け焦げ、人民である樹木は枯れ死んでしまいます。そうであれば、我々よりも山の方が、はるかに強く降雨を望んでいるとしなければなりません。(にもかかわらず雨は全く降っていません。してみれば山に降雨をもたらす霊力がないのは明らかです。霊力のない山にいくら祈ってみても、何の効果もありません)。どうして神事に効果を期待したりできましょうや。

そもそも川は、水を己の皮膚とし、魚を自分が治めるべき人民としています。もしこのまま雨が降らなければ、皮膚である水は涸れ尽きてしまい、人民である魚たちも死に絶えてしまいます。そうであれば、我々よりも川の方が、はるかに強く降雨を望んでいるとしなければなりません。(にもかかわらず雨は全く降っていません。してみれば川に降雨をもたらす霊力がないのは明らかです。霊力のない川にいくら祈ってみても、何の効果もありません)。どうして神事に効果を期待したりできましょうや。

ここに展開されるのは、そもそも山や川に降雨をもたらす霊力など存在しないとして、祭祀そのものが無意味であることを証明せんとする論理である。したがって、祭祀自体の有効性を完全に否定する子貢の立場は、効果の有無には触れずに、山川への祭祀は不要だとする孔子の立場に較べて、論理がより尖鋭だと言えよう。

刑徳を正す政治だけが、「大旱」なる天刑を解除する唯一の方策であり、なおかつ雨乞いの祭祀には、道理として何の有効性もないとするのが、子貢の立場であった。世間の評判を懸念して気弱になりかけた孔子に対し、子貢はより徹底した理論武装を提供して、動揺せぬよう孔子を激励したわけである。

これに対して孔子は、「於呼、………公豈に粱に飽き肉に飫かざらんや。庶民を如何ともする無し」と応ずる。孔子の発言には欠損部分があるが、「ああ、お前の言う通りだ。「大旱」を天刑と受け止め、奢侈を改める以外に降雨をもたらす方策はないのに、哀公は無益な雨乞いの祭祀だけで済ませようとし、相変わらず飽食三昧を続けている。そんなことでは、庶民を苦境から救うことなどできはしないのだ」というのが、恐らく孔子の発言内容であったろう。

したがって孔子も、雨乞いの祭祀に関する子貢の見解に同調したと思われ、ここに至って、刑徳を正す政治と雨乞いの祭祀との関係をめぐる両者の立場は一致したことになる。同時にその最終的な一致点こそが、もとよりこの主題に関する『魯邦大旱』の作者の立場でもある。

四

それでは次に、『魯邦大旱』の刑徳論が古代中国思想史の上で、どのような位置を占めるのかを考えてみよう。上述したように『魯邦大旱』の刑徳論における「刑」と「徳」は、上天の君主に対する賞罰を意味していた。上天が君主の治世の善悪に応じて賞罰を降すとの思考は、『詩経』や『書経』にその古い形態が見える。

今、商王・受は上天を敬せずして、災を下民に降す。(中略)皇天は震怒し、我が文考に命じて、粛《つつし》みて天威を将《おこな》わしむ。(『書経』周書・泰誓上)

孟津を渡った周の武王は、参集した諸侯に殷の討伐を誓う。これはその誓いの一節で、殷の紂王は上天に敬意を払わず、人民を残虐に取り扱った、そこで上天は激怒し、周の文王に命じて、紂王に対する天罰を代行させたとの内容である。ここには、殷の紂王の悪政に怒った上天が、紂王に殷を滅ぼすとの懲罰を降したとの因果関係が説かれる。

已《ああ》、予惟《こ》れ小子、敢えて上帝の命を替《す》てず。天は寧王を休《よみ》し、我が小邦周を興す。(『書経』周書・大誥)

武王が急死したのち、成王は次のように殷周革命を振り返る。若年の私が上天の命をないがしろにしたりはできない。かつて上天は、文王の善行を賞でられ、我が小国の周を興された。ここには殷の紂王の場合とは逆に、上天が文王の善政に周を興隆させるとの賞を与えたとの因果関係が説かれる。

秋、大熟なるも、未だ穫《と》らざるに、天は大いに雷電して、以て風ふき、禾《いね》は尽く偃《たお》れ、大木は斯《ここ》に抜く。（中略）今、天は威を動かして、以て周公の徳を彰らかにす。（中略）王は出でて郊す。天は乃ち雨ふらせて風を反《かえ》し、禾は則ち尽く起つ。（『書経』周書・金縢）

かつて周公旦は、讒言によって王位簒奪の嫌疑をかけられ、汚名を晴らせぬまま死去する。すると上天は落雷と暴風を生じさせ、収穫目前の稲をことごとく倒伏させる。これを上天の譴責と受け止めた成王は、周公旦の名誉を回復させる措置を取る。すると上天は、暴風を止め、慈雨をもたらして、倒伏した稲を立ち直らせる。

このように、君主の過失に対する上天の懲罰が、雷電や暴風といった天候異変の形を取る例もある。この場合、君主はそれを単なる自然災害と理解してはならないのであって、そこに込められた上天の譴責意図を鋭敏に察知して、言動を悔い改めなければならない。そうすれば上天は、一転して福をもたらし、君主の改心を嘉賞するのである。

『書経』と同様の思考は、『詩経』の中にも次のように見えている。

浩浩たる昊天は、其の徳を駿《なが》くせず。喪饑饉を降し、四国をして斬伐せしむ。昊天は威を疾《はげ》しくするも、慮らず図らず。（『詩経』小雅・雨無正）

それまで上天が施していた徳も、いつまでも長続きはしなかった。近ごろはしきりに死喪・饑饉を降してくる。上天がかくまで激しく天威を振るわれる以上、幽王は当然それを天罰と受け止める必要があるのに、我が君は少しも上天の意図を推し量ろうとはしない。ここでは死喪・饑饉などの凶事が上天の懲罰・譴責と理解されている。『魯邦大旱』との関係で注目すべきは、上天の恩恵が「徳」と表現されている点であろう。

王曰く、於乎《ああ》、何の辜《つみ》ある今の人。天は喪乱を降し、饑饉薦《しき》りに至る。神として挙げざるはなし。その牲を愛《おし》むことなし。圭璧は既に卒《つ》くるも、寧《あえ》て我に聴くことなし。旱既に太いに甚だし。(『詩経』大雅・雲漢)

周の宣王は申された。ああ、この世の人々に一体何の罪があるというのですか。上天は災害を降し、しきりに飢饉が襲って参ります。すべての神々をお祭りしてきたし、犠牲を捧げるのを惜しんだ覚えもございません。供物の玉を使い果たしても、上天は私の祈りを聞き届けては下さらない。旱魃の被害はすでに甚大でございます。ここでは、打ち続く災害に対して、王は思い当たる節がないと嘆く。ただし、旱魃を上天の譴責と受け止めていることに変わりはない。

このように『詩経』や『書経』の上天は、為政の善悪に応じて君主に賞罰を降す存在である。『書経』

商書・伊訓は偽古文だが、「惟《こ》れ上帝は常ならず。善を作さば之に百祥を降し、不善を作さば之に百殃を降す」と、これまで述べてきた上天と君主の関係を簡潔に表現している。

『詩経』や『書経』に見える上天の性格を最も忠実に継承したのは、墨家である。墨家は上天と君主の関係を次のように述べる。

然らば則ち是れ誰か天意に順いて賞を得たる者ぞ。誰か天意に反《そむ》きて罰を得たる者ぞ。子墨子言いて曰く、昔の三代の聖王、禹・湯・文・武は、此れ天意に順いて賞を得たるものなり。昔の三代の暴王、桀・紂・幽・霊は、此れ天意に反きて罰を得たる者なり。(『墨子』天志上篇)

ここに説かれる上天と君主の関係は、まさしく『詩経』や『書経』のそれで、上天が為政の善悪に応じて君主に賞罰を降す存在である点が強調される。当然『墨子』にも、自然災害を上天の譴責・懲罰とする主張が見える。

天下の百姓、皆天子に上同するも、天に上同せざれば、則ち天の菑《わざわ》い猶お未だ去らざるなり。今、夫《か》の飄風・苦雨の湊湊として至るが若きは、此れ天の百姓の天に上同せざる者を罰する所以なり。(『墨子』尚同上篇)

ここでは飄風・苦雨の襲来が、上天の意志に同調しない天下の人々への懲罰手段だと明言される。要するに墨家が考える上天と君主の関係は、ほとんど『詩経』や『書経』の引き写しなのである。

このように考えてくると『魯邦大旱』の刑徳論は、上天が降す賞罰を刑徳の語で言い表したものであることが判明する。先に見たように、『詩経』や『書経』には上天の賞罰の意味で刑徳を対応させた表現は存在せず、『書経』商書・伊訓では祥と殃が対応させられていた。『詩経』小雅・雨無正には、天賞の意を徳と呼んだ例が見えるが、刑との対応関係は成立していない。また『墨子』においては、もっぱら賞と罰の対応が用いられていて、刑徳の対応は存在しない。

それでは『魯邦大旱』は、どこから刑徳の対応を導入したのであろうか。刑徳の対応を思想の重要な構成要素とするのは、道家の一派である黄老思想である。[3] そもそも刑徳併用を説く思想の淵源は『国語』越語下の范蠡言にあり、そこでは「徳虐之行、因以爲常」と、「徳」と「虐」の対応となっている。

この范蠡型思想を継承したのが、長沙馬王堆漢墓から出土した『経法』『十六経』などの黄帝書である。このうち『経法』では、「因天之生也以養生、謂之文、因天之殺也以伐死、謂之武。文武幷行、則天下従矣」（君正篇）とか、「文武幷立、命之曰上同」「因天時伐天毀、謂之武。武刃而以文随其后、則有成功矣。用二文一武者王」（四度篇）などと、「文」と「武」の対応が用いられている。

『十六経』では、「徳虐无型、靜作无時」（観篇）「靜作相養、徳虐相成」（果童篇）と、『国語』越語下と同じく「徳」と「虐」の対応が見られるほか、「而正之以刑與徳。春夏爲徳、秋冬爲刑。先徳后刑以養生」「凡戡之極、在刑與徳」「先徳后刑、順于天」（観篇）と、「刑」と「徳」の対応が見える。

したがって『魯邦大旱』の刑徳論は、黄老思想から「刑」と「徳」を対応させる表現法を導入した可能性が高いであろう。上述のように「刑徳」の淵源は、『国語』越語下の范蠡言に登場する「徳虐」にある。『国語』越語下において越王句践に徳虐併用の戦略を指南した范蠡は、呉の滅亡後、越を去って斉に赴く。こうした伝承は、徳虐併用の思想が斉に伝播して、黄帝書を成立させた状況を示唆する。実際、斉の地で編纂された『管子』の中にも、「大文三會而貴義與德、大武三層而偃武與力」とか「先德後刑、順於天、微度人」（勢篇）と、「文」と「武」の対応や「刑」と「徳」の対応が見える。

『魯邦大旱』は、その内容から魯や斉といった山東地方で著作された可能性が高い。その際、斉で形成されていた黄老思想から、「刑」と「徳」を対応させる表現法を取り込んだのであろう。[4] ただし『魯邦大旱』が黄老思想から導入したのは、「刑」と「徳」を対応させる表現法のみで、黄老思想の本質的な理論まで取り込んだわけではない。

黄老思想では、上天が自己の管轄下にある天道の推移を通じて、君主に刑と徳のいずれを採用すべきかを指示するとの構造を取る。そこで君主は、天道の推移を則るべき理法と仰いで、刑を採用すべきか徳を採用すべきかを察知することになる。したがって刑と徳は君主が内政や対外戦争に際して併用すべき、二種類の統治形態や国家戦略を意味するのであって、上天が君主に降す賞罰の意味ではない。

「刑」と「徳」の語は同じで、なおかつ刑罰と恩賞の意味を共有しているにもかかわらず、黄老思想と『魯邦大旱』とでは、刑と徳を併用する主体がまるで異なっているのである。したがって『魯邦大旱』が黄老思想から導入したのは、「刑」と「徳」を対応させる表現法のみであったと考えられる。『魯邦大旱』

が、黄老思想の中核である天道に全く言及しない現象も、それを裏付けるであろう。

天候が順調であるか、それとも天災が続くかによって、君主は自らの為政が上天から肯定されているか、それとも否定されているかを察知すべきだとする『魯邦大旱』の基本的な考え方は、すでに『詩経』や『書経』に明確に示されている。『詩経』や『書経』にない目新しい要素が、「刑」と「徳」を対応させる表現法だけだとすれば、『魯邦大旱』の思想は、基本的に『詩経』『書経』の枠組みを逸脱するものではないと判断できよう。

刑徳論に関する限り、『魯邦大旱』の思想は、有意志の人格神である上天が、君主の為政の善悪に応じて賞罰を降すとの天人相関思想だと言える。だが一方で『魯邦大旱』は、山川に供物を捧げて降雨を祈る雨乞いの祭祀に対しては、その有効性を全面的に否定する。一方で天人相関思想の枠組みを維持しながら、他方で宗教的祭祀を否定するというのは、一見矛盾した立場のようにも見える。この点については、どのように考えるべきであろうか。

この問題を考える際に検討すべきは、『左伝』に記録される鄭の子産や斉の晏嬰の言動である。


夏五月、火始昏見、丙子風。梓慎曰、是謂融風、火之始也。七日其火作乎。（中略）子産曰、天道遠、人道邇。非所及也。何以知之。竈焉知天道。（昭公十八年）

梓慎《ししん》は星の運行から七日後の火災発生を予言する。そこで裨竈《ひそう》は災いを祓《はら》わんことを願い出る。だが子産は、「天道は遠く、人道は邇《ちか》し。及ぶ所に非ざるなり。何を以て之を知らん。竈焉んぞ天道を知らん」と批判して、禆竈による祓除の有効性を否定する。禆竈の祓除といった呪術は、卑近で低次元な人間のやり方（人道）に属する。ところが天道は、深遠で高次元な天のやり方である。両者の隔たりは余りにも大きく、地べたを這うような人道、すなわち禆竈の呪術などでは、決して遙かな天道の高みに到達はできない。とすれば、禆竈ごときの呪術で天道の仕組みを知り得る道理はなく、したがって禆竈による祓除など何の有効性も持たない。

これが子産の論理であるが、子産は天道の権威自体は承認した上で、呪術によって天道に作用を及ぼそうとする考え方を排除している。人事を支配する天道の権威を認める点では、基本的に子産は天人相関の枠組みを維持していると言える。それにもかかわらず子産は、人道と天道の間の距離の大きさを指摘し、こんなにも離れている相手に地上から影響を及ぼせるはずがないといった論法で、巫祝による呪術の有効性を完全に否定するのである。

齊有彗星。齊侯使禳之。晏子曰、無益也。祇取誣焉、天道不諂、不貳其命、若之何禳之。且天之有彗也、以除穢也。君無穢德、又何禳焉。若德之穢、禳之何損。（中略）祝史之爲、無能補也。公說乃止。（昭公二十六年）

斉の上空に突如彗星が現れる。これに怯えた斉の君主は、祝史に祟りを祓わせようとする。だが晏嬰は、次のように述べて反対する。いくら神を欺こうとしても、天道に偽りはなく、天命に変更はないから、どうして祟りを祓わせることができましょうや。そもそも天に彗星が出現するのは、汚れを掃除するためです。君主の徳に汚れがなければ、祓わせる必要はなく、君主の徳が汚れていれば、祓おうとしても効果はありません。巫祝や史官の呪術など何の助けにもなりはしません。

やはり晏嬰も、天道の権威自体は承認した上で、巫祝や史官の呪術によって、天道に作用を及ぼそうとする考え方を排除している。天人相関の枠組みを維持しながら、呪術の有効性のみを否定する点で、子産と晏嬰の立場は完全に一致するのである。これによく似た構造は、『礼記』檀弓下にも見える。

歳旱、穆公召縣子而問然、曰、天久不雨、吾欲暴尫而奚若。曰、天則不雨、而暴人之疾子虐。毋乃不可與。然則吾欲暴巫而奚若。曰、天則不雨、而望之愚婦人、於以求之、毋乃已疏乎。

魯に旱魃が発生する。穆公は縣子を呼び出し、顔があお向けで、天に憐れみを乞うかのように見える身障者の子を日に曝して、天に雨乞いしてはどうかと尋ねる。すると縣子は、そもそも天が雨を降らそうとしていないのに、身障者の子を干天に曝すのは無慈悲な蛮行だと反対する。そこで穆公は、巫祝の女性を曝すのならどうかと尋ねる。ところが縣子は、天が雨を降らすまいとしているのに、愚昧な婦人に降雨を期待するのは、甚だ道理に外れた考えだとして、やはり反対する。縣子の場合も、天が雨を降らそうとしない以上、巫祝の女性に天の意志を変えさせる力はないと、上天の権威を認めた上で、巫術の有効性が否定されている。

このように上天や天道の権威自体は承認して、天人相関の枠組みを維持しながら、巫術を用いて上天や天道に働きかけようとする方法のみを否定する点で、『魯邦大旱』と子産・晏嬰・縣子などの立場は、軌を一にしている。巫祝の巫術を恃む政治から、君主の徳を重視する政治への転換を説き、上天や天道に働きかけられるのは君主の徳だけだとする形で、もともと最高の巫祝であった君主に、上天や天道に対する神通力を回復させ独占させようとする動きは、鄭の子産、晋の叔向、斉の晏嬰など、貴族として君主を補佐する賢人政治家が活躍した春秋後期、前六世紀に興った新たな思潮である。一方で刑徳論によって天人相関思想の枠組みを維持しながら、他方で宗教的祭祀を否定するという『魯邦大旱』の思想構造も、こうした流れを受けたものであろう。

『晏子春秋』晏子諫・第十五「景公欲祀霊山河伯以祷雨」には、『魯邦大旱』と極めてよく似た話が存在する。

齊大旱逾時。景公召群臣問曰、天不雨久矣。民且有飢色。吾使人卜云、祟在高山廣水。寡人欲少賦斂、以祀靈山。可乎。群臣莫對。晏子進曰、不可。祀之無益也。夫靈山固以石爲身、以草木爲髮。天久不雨、髮將焦、身將熱。彼獨不欲雨乎。祀之何益。公曰、不然、吾欲祀河伯、可乎。晏子曰、不可。河伯以水爲國、以魚鼈爲民。天久不雨、泉將下、百川將竭、國將亡、民將滅矣。彼獨不欲雨乎。祀之何益。景公曰、今爲之奈何。晏子曰、君誠避宮殿暴露、與靈山河伯共憂、其幸而雨乎。于是景公出野暴露三日、天果大雨、民盡得種時。景公曰、善哉、晏子之言、可無用乎。其維有徳。

あるとき斉は大旱魃に襲われる。景公は卜占によれば高山と大河の祟りだということなので、霊山と河伯を祭祀してはどうかと下問する。すると晏嬰は、『魯邦大旱』の子貢とほぼ同様の論理を用いて、それに反対する。晏嬰は代案として、景公が宮殿を出て干天に身を曝し、天に降雨を祈る方策を提案する。景公がその案を実行すると、果たせるかな天は降雨をもたらし、民は辛うじて種蒔きに間に合う。

この場合でも、景公の祈りに上天が応えて降雨をもたらす形で、天人相関の枠組みは維持されている。その上で、旱魃を山川の祟りだと見なし、霊山と河伯を祭祀しようとする呪術が否定されるのである。景公が宮殿を出て干天に身を曝し、天に降雨を祈ったとされるのは、一見呪術を肯定する思考のようでもある。確かにそうした色彩は否定できないであろう。だが君主が巫祝の業務を一身に背負う形は、上天に働きかけられる神通力を君主に独占させる役割を果たすと同時に、一身を犠牲にして民衆を救済せんとする、君主の徳に重点を移行させる方向にも機能する。

その意味で『晏子春秋』の記事も、『魯邦大旱』の思想的枠組みとそう大きく異なるものではない。『晏子春秋』の方が、より古い面影を残しているとは言えるであろうが、両者の間に、取り立てて大きな時代差を見出だすことはできず、先に紹介した『左伝』や『礼記』の話と同じ思想的系譜に連なるものと見なすべきであろう。

注

（1）上博簡與出土文獻研究方法學術研討會（臺灣大學東亞文明研究中心・二〇〇四年四月一〇日）提出論文。

（2）『魯邦大旱』の引用は、『上海博物館蔵戦国楚竹書』第二分冊の釈文によるが、私見によって釈文を訂正した箇所がある。詳細については注（1）の前稿参照。なお筆者とは大きく見解を異にするが、『上海博楚簡『民之父母』『子羔』『魯邦大旱』譯注』（『出土文獻と秦楚文化』創刊號・二〇〇四年三月三一日・東京大學文學部東洋史學研究室）には、谷中信一氏による『魯邦大旱』の訳注が収録されているので、参照されたい。

（3）黄老思想の詳細については、拙著『黄老道の成立と展開』（創文社・一九九二年）参照。

（4）上博楚簡の書写年代は、前三七三年から前二七八年の間と推定されている。そこで『魯邦大旱』は、遅くとも戦国前期（前四〇三～前三四三年）から戦国中期（前三四二～前二八二年）の前半にかけて、すでに成立していたと見なければならない。この『魯邦大旱』に黄老思想の影響が見られる現象は、逆に黄老思想の成立時期が春秋末や戦国前期に遡る可能性を示唆している。

第九章 『恆先』の道家的特色

浅野裕一

一

上博楚簡『恆先』は全十三簡で、第五簡と第十三簡の下端に若干の残欠があるが、文字には全く欠損がないと考えられる。竹簡の長さは約三十九・四㎝前後で、編綫は三道、文字数は五百十字である。第三簡の背に「恆先」と篇題が記されている。以下にその全文を、馬承源主編『上海博物館蔵戦国楚竹書』第三分冊が収録する李零氏の排列に従って示して置く。

恆先無、有質靜虛。質大質、靜大靜、虛大虛、自厭不自忍、或作。有或焉有氣。有氣焉有有。有有焉有始。有始焉有往者。未有天地、未」（1）

有作行。出生虛靜、爲一若寂、夢夢靜同、而未或明、未或滋生。氣是自生、恆莫生氣。氣是自生自作。恆

氣之」（2）

生、不獨有與也。或恆焉、生或者同焉。昏昏不寧、求其所生。翼生翼、畏生畏、愇生悲[2]（愇）、悲生愇（悲）、哀生哀、求欲自復、復」（3）

生之生行。濁氣生地、清氣生天。氣[3]伸神哉、云云相生。伸盈天地、同出而異性、因生其所欲。察察天地、紛紛而」（4）

復其所欲。明明天行、惟[4]復以不廢。知既而荒思不殄。有出於或、性出於有、音出於性、言出於音、名出於」（5）

言、事出於名。或非或、無謂或。有非有、無謂有。性非性、無謂性。音非音、無謂音。言非言、無謂言。名非」（6）

名、無謂名■。事非事、無謂事。詳宜利主、采[5]物出於作■。焉有事不作無事。舉天下[6]之事、自作爲、事庸以不可更也。凡」（7）

多采物、先者有善有治無亂。有人焉有不善。亂出於人。先有中、焉有外。先有小、焉有大。先有柔、焉」（8）

有剛。先有圓、焉有方。先有晦、焉有明。先有短、焉有長。天道既載、惟(7)一以猶一、惟復以猶復。恆氣之生、因」（9）

言名。先(8)■者有疑荒言之、後者校比焉。舉天下之名、虛樹習以不可改也。舉天下之作、强者果天下」（10）

之大作■。其〓尨不自若作■。庸有果與不果、兩者不廢。舉天下之爲也、無舍也、無與也、而能自爲也。」（11）

舉天下之性同也、其事無不復。（舉）(9)天下之作也、無許恆、無非其所。舉天下之作也、無不得其恆而果遂。庸或」（12）

得之、庸或失之。舉天下之名、無有廢者。與（舉）天下之明王明君明士、庸有求而不慮◥。」（13）

それでは続いて、この排列の妥当性について検証してみよう。第一簡は「恆先」なる篇題との関係から、またそこに記される宇宙生成論の内容から判断して、冒頭簡であったことが明白である。また第一簡と第二簡は、「未有天地」と「未有作行」の対句によって、連続性が確認される。第二簡と第三簡、及び第三簡と第四簡の間には、連続性を明示する確証は存在していない。

第四簡と第五簡は、「察察天地」と「明明天行」の対と、「復」を論ずる共通性によって、連続性が確認される。第五簡と第六簡は、「A出於B」の句形が両者をまたいで連続することにより、連続性が確認される。第六簡と第七簡は、「A非A、無謂A」の句形が両者をまたいで連続することにより、連続性が確認される。第七簡と第八簡は、「采物」なる術語を共有することにより、連続性が確認される。第八簡と第九簡は、「先有A、焉有B」の句形が両者をまたいで連続することにより、連続性が確認される。第九簡と第十簡の間には、明確に連続性を指摘できるような確証は存在していない。

第十簡と第十一簡、及び第十一簡と第十二簡は、「舉天下之A」の句形を共有することにより、連続性が確認される。第十二簡と第十三簡は、「庸或得之」と「庸或失之」の対によって、連続性が確認される。第十三簡が最終簡であることは、墨節と墨節以下の留白によって疑う余地がない。

したがって連続性が不明確なのは、第二簡と第三簡の間、第三簡と第四簡の間、第九簡と第十簡の間の三箇所となる。そこで第三簡が第九簡と第十簡の間に位置した可能性を探ってみる必要が生じてくる。

この場合、第二簡と第四簡が連続することになるが、第二簡の末尾と第四簡の冒頭を連続させると、「恆氣之生之生行」となり、「之生」に重文記号が付されるはずなのに存在しないとの句形上の問題が生ずるとともに、文意も繋がらない。また第九簡と第三簡を連続させた場合、第九簡の末尾と第三簡の冒頭は

「由生」で一句となって、句形上の無理が生ずるし、文意も繋がらない。さらに第三簡の末尾と第十簡の冒頭は「復言名」となって、文意が接続しない。

したがって第三簡が第九簡と第十簡の間に位置した可能性は低く、第三簡はやはり第二簡と第四簡の間に位置していたと見なすべきである。とすれば、それに伴って第九簡と第十簡の連続性も確定するわけである。このように考えてくると、李零氏の排列が妥当性を持つことは、ほぼ承認して良いであろう。

二

それでは次に、『恆先』の内容を紹介してみる。行論の便宜上、内容上のまとまりから全体を八段落に分けて筆者の解釈を示すことにしたい。

(1) 恆先無、有質靜虛。質大質、靜大靜、虛大虛、自厭不自忍、或作。有或焉有氣。有氣焉有有。有有焉有始。有始焉有往者。

恆の先は無なるも、質・靜・虛有り。質は大質となり、靜は大靜となり、虛は大虛とならば、自ら厭《いと》いて自ら忍ばずして、或作《わくおこ》る。或有れば焉《すなわ》ち気有り。気有れば焉ち有有り。有有れば焉ち始め有り。始め有れば焉ち往く者有り。

恆なる原初の段階は無であったが、微かに質と靜と虛だけが存在していた。質はやがて増大して大質となり、静も大静へ、虚も大虚へと増大したため、これら三者は現状に満足できなくなって恆を離れ、或なる段階が興起してきた。或の段階に入ると、気が存在するようになった。気が存在するようになると、もはや無では有り得ずに有の世界へと移行した。有の世界になると、物には初めから終わりまでの変化の過程が伴うから始まるという現象が生じた。始まりが生ずれば、始原から離れていくとの現象が生じた。

（2）未有天地、未有作行。出生虛静、爲一若寂、夢夢静同、而未或明、未或滋生。氣是自生、恆莫生氣。氣是自生自作。恆氣之生、不獨有與也。

未だ天地有らざれば、未だ行を作すこと有らず。出でて虚静より生ずれば、一為ること寂の若く、夢夢として静同にして、未だ或は明らかならず、未だ或は滋生せず。気は是れ自ら生じ、恆は気を生ずること莫し。気は是れ自ら生じて自ら作る。恆は気の生ずるや、独り与《くみ》すること有らざるなり。

いまだ天地すら存在しなかった恆の段階では、何者も行動を起こすということがなかった。やがて質に由来する気が虚と静から抜け出して発生してきたのだが、まだひっそりとして動かず、分化せずに一なる原始状態のままで、茫漠として静かな状態を維持していたので、或なる世界もいまだ明確な姿を取らず、或がさまざまな姿に増殖することもなかった。気は自ら発生してきたのであって、恆が気を生み出したわけではない。気はあくまでも自力で発生してきて、自分で動き出したのである。したがって気が発生した後も、恆だけは気の活動に何一つ関与していないのである。

（3）或恆焉、生或者同焉。昏昏不寧、求其所生。翼生翼、畏生畏、愇生愇、悲生悲、哀生哀、求欲自復、復生之生行。

或は恆よりすれば、或に生ずる者も焉《これ》に同ず。昏昏として寧《やす》からず、其の生ずる所を求む。翼は翼を生じ、畏は畏を生じ、愇は愇を生じ、悲は悲を生じ、哀は哀を生じて、求めて自ら復《くりかえ》さんと欲し、生ずるを復すの生行わる。

或自体が現状に自得できずにすでに恆から離脱してきた以上、或から生じてきた者たちが、或と同様の行動を取ろうとするのは当然である。道理が分からずに心が乱れ迷って現状に安住できず、或の世界に自分たちが生まれ出る場所を欲しがった。翼（びくつく感情）が翼を生じ、畏《おそ》れの感情が畏れを生じ、愇《うら》みの感情が愇みを生じ、悲しみの感情が悲しみを生じ、哀しみの感情が哀しみを生じるように、自己と同類のものを反復して生み出そうと願ったため、同類を繰り返し発生させる生き方が行われるようになった。

（4）濁氣生地、清氣生天。氣伸神哉。云云相生、伸盈天地、同出而異性、因生其所欲。察察天地、紛紛而復其所欲。明明天行、惟復以不廢。

濁気は地を生じ、清気は天を生ず。気の伸ぶるや神なるかな。云云《うんうん》相生じて、天地に伸盈し、同出なるも性を異にし、因りて其の欲する所に生ず。察察たる天地は、紛紛として其の欲する所を復す。明明たる天行、惟《こ》の復のみ以て廃せられず。

（最初は混然として一だった気もやがて分化し始め）、濁った気は沈降して地を生成し、清らかな気は上昇して天を生成した。気が拡延して行く様は、何と神妙ではないか。様々な物が互いに相手を生み出しながら、天地の間に満ち溢れた。万物は同一の気を発生源にはしているが、それぞれに性を異にしている。そこで各々の性（指向性）が欲求する場所を選択して発生してきた。慌ただしい天地の間では、万物が入り乱れて、自分の同類を生み出そうとする生成死滅の営みが繰り返される。ただ天の運行のみが、日月星辰が周期運動を繰り返しながら、決して天体が死滅したりはしないのである。

（5）知既而荒思不殄。有出於或、性出於有、音出於性、言出於音、名出於言。事出於名。或非或、無謂或。有非有、無謂有。性非性、無謂性。音非音、無謂音。言非言、無謂言。名非名、無謂名。事非事、無謂事。

知は既くるも荒思は殄《た》えず。有は或より出で、性は有より出で、音は性より出で、言は音より出で、名は言より出で、事は名より出づ。或或に非ざれば、或と謂うこと無し。有有に非ざれば、有と謂うこと無し。性性に非ざれば、性と謂うこと無し。音音に非ざれば、音と謂うこと無し。言言に非ざれば、言と謂うこと無し。名名に非ざれば、名と謂うこと無し。事事に非ざれば、事と謂うこと無し。

いかに知恵を尽くしても、迷妄に取り付かれた欲求が絶えることはない。だから或から有が発生し、有から性が発生し、性から音声が発生し、音声から言語が発生し、言語から名称が発生し、名称から事業が発生する。恆は或が本当に或の実を備えていなければ、それを或なる名称で呼んだりはしない。有が本当に有の実を備えていなければ、それを有なる名称で呼んだりはしない。性が本当に性の実を備えていなければ、それを性なる名称で呼んだりはしない。音が本当に音の実を備えていなければ、それを音なる名称で呼んだりはしない。言が本当に言の実を備えていなければ、それを言なる名称で呼んだりはしない。名が本当に名の実を備えていなければ、それを名なる名称で呼んだりはしない。事が本当に事の実を備えていなければ、それを事なる名称で呼んだりはしない。

（6）詳宜利主、采物出於作。焉有事不作無事。舉天下之事、自作爲、事庸以不可更也。凡多采物、先者有善有治無亂。有人焉有不善。亂出於人。

宜を詳らかにして主を利せんとすれば、采物《さいぶつ》は作より出づ。焉んぞ事有るも作らずして無事ならんや。天下の事を挙ぐるに、自ら作為すれば、事庸《もち》いられて以て更うべからざるなり。凡そ采物多きも、先んずる者には善有り治有りて乱無し。人有れば焉ち不善有り。乱は人より出づ。

臣下たちが人間社会における便宜を詳細に分析して、主君に利益をもたらそうと図るからこそ、美しい色彩の建造物が、事業を興そうとする欲求から建設される。君主や臣下が事業を興したいとの欲求を抱けば、どうして何もせずに無事でいられようか。天下で行われている事業を通覧すれば、

「恆」の許可を得ずに人間が自分勝手に行うので、事業は止むことなく用いられて、決して変更されたりはしない。そもそも華麗な建造物が多いという事態を考えてみるに、人類発生以前には、善があり治がある一方で、乱などは存在しなかった。ところが人類が発生した途端、不善が生じてきた。乱はすべて人類から発生してきたのである。

（7）先有中、焉有外。先有小、焉有大。先有柔、焉有剛。先有圓、焉有方。先有晦、焉有明。先有短、焉有長。天道既載、惟一以猶一、惟復以猶復。

先に中有りて、焉ち外有り。先に小有りて、焉ち大有り。先に柔有りて、焉ち剛有り。先に円有りて、焉ち方有り。先に晦有りて、焉ち明有り。先に短有りて、焉ち長有り。天道既に載《おこな》わるれば、惟《こ》の一のみ以て猶《なが》く一たりて、惟の復のみ以て猶く復たり。

最初に中があれば、たちまち外が成立する。最初に小があれば、たちまち大が成立する。最初に柔があれば、たちまち剛が成立する。最初に円があれば、たちまち方が成立する。最初に晦があれば、たちまち明が成立する。最初に短があれば、たちまち長が成立する。人間の相対判断によって、小大・柔剛・円方・晦明・短長などの対応が出揃っても、それらは永続性を保てず、天道の運行がすでに開始されている以上、この天道の一定性のみが永遠に一定性を維持するのであり、この天道の反復するという在り方だけが永遠に反復されるのである。

（8）恆氣之生、因言名。先者有疑荒言之、後者校比焉。舉天下之名、虛樹習以不可改也。舉天下之作、强者果天下之大作。其𥨐尨不自若作。庸有果與不果、兩者不廢。舉天下之爲也、無舍也、無與也、而能自爲也。舉天下之性同也、其事無不復。（舉）天下之作也、無許恆、無非其所。舉天下之作也、無不得其恆而果遂。庸或得之、庸或失之。舉天下之名、無有廢者。舉天下之明王明君明士、庸有求而不慮。

恆は気の生ずるや、言に因りて名づく。先んずる者は疑荒有りて之を言うも、後《おく》るる者は校比す。天下の名を挙ぐるに、虚樹ちて習わば以て改むべからざるなり。天下の作を挙ぐるに、強き者果たりて天下の大作る。其れ𥨐尨として自若せずして作る。果と不果有るを庸《もち》うれば、両者とも廃せられず。天下の為を挙ぐるや、舍ること無く、与《したが》うこと無くして、能く自ら為すなり。天下の性同じきを挙ぐるや、其の事復さざるは無し。天下の作を挙ぐるや、恆に許《き》くこと無くして、其の所を非とすること無し。天下の作を挙ぐるや、其の恆を得ずして果遂すること無し。或を庸いて之を得るも、或を庸いて之を失う。天下の名を挙ぐるも、廃せらるる者有ること無し。天下の明王・明君・明士を挙ぐるに、庸いて求むること有るも慮らず。

恆は気が生じ始めると、言語によって万物に命名した。恆先の段階では、曖昧模糊としたやり方で名称を使用していたのだが、後世に現れた人類は、あれこれ比較・検討して、相対判断を用いた厳密な名分の体系を作り上げた。天下中の名称を通覧するに、すべて虚名に過ぎないのだが、それが樹立されて以来、久しく習慣となってきたので、今さら改めることはできないのだ。天下中の興起する者たちを通覧するに、いずれも強大なる者たちが果断さを尊んで世界中に興起してきたのである。いずれも膨張したいと願い、じっとしていられずに興起したのである。果断と優柔の間に優劣の差を設けるやり方を用いるため、いつまでも両者の差別が存続するのである。天下中の作為を通覧するに、落ち着かず、恆に従わずに、すべて自分勝手に作為しているのである。天下中の性の共通性を通覧するに、自分の同類を生み出す営みを反復しないものはない。天下の興起する者たちを通覧すると、恆の在り方を受け入れたりせず、自分が間違ったやり方で場所を獲得したと反省することがない。天下中の興起する者たちを通覧するに、恆の在り方を体得せずに事業を完遂はできない。恆を用いずに或を用いて成功を獲得しても、結局は或を用いたことによって失敗するのである。天下中の名称を通覧するに、虚名にもかかわらず廃絶されるものはない。天下中の明王・明君・明士を通覧するに、「或」を用いて事業の成功を追い求めているが、それが「恆」に背く非行だとは分別できない。

三

それでは続いて『恆先』の思想構造を考察してみよう。まず（1）には、独自の宇宙生成論が記される。宇宙の始原とされているのは「恆」である。第一簡の冒頭には「恆先」と記されるが、「恆」が宇宙の始原そのものを表す語で、「先」は「恆」の時期を表す語である。そこで「恆先」は、「恆という始原の段階の時期」との意味である。

これに類する表現は、馬王堆漢墓出土の黄帝書『道原』の冒頭にも見える。そこには「恆无之初」とあって、「恆无」二字が宇宙の始原そのものを表す名詞とされた上で、「初」が原始の時期を指す語として使用されている。つまり「恆无之初」なる表現は、「恆无という始原の段階の時期」との意味になるのである。因みに「恆无之初」なる表現は、『道原』の作者が『恆先』の存在を知っていて、それを踏まえた可能性を窺わせるであろう。

したがって宇宙の始原そのものを表す語は、「恆」一字のみである。この点は、「恆莫生氣」(2)とか、「天下之作也、無許恆、無非其所」「舉天下之作也、無不得其恆而果遂」(8)と、後文に「恆」が単独で登場し、「恆先」の語が一度も見えないことからも裏付けられる。確かに篇題は「恆先」であるが、これは冒頭の二字を取って篇題としたためで、宇宙の始原そのものが「恆先」である証拠にはならない。

また李零氏は「恆先」を「道」の別称だとするが、所謂『老子』の道を指す「道」の語は、『恆先』中に全く見えない。故に「恆先」にせよ「恆」にせよ、それを「道」の別称だと見なすべきではない。「恆」は宇宙の始原を表示する『恆先』独自の術語で、『老子』とは全く別系統の概念だと考えるべきである

『恆先』の作者は、「恆先無」と、「恆」なる原初の時期には、世界は無だったのだが、質と静と虚の三者だけは、最初から存在していたと語る。これは『老子』の宇宙生成論と良く似た性格を示している。『老子』は「天下萬物生於有、有生於無」(第四十章)と、無から有が生じ、有から万物が生じたという。だが第四十章の説明は唐突で、なぜ無から有が生じたのかは不明のままである。そこで『老子』第二十一

章では、「道之爲物、唯恍唯忽。忽兮恍兮、其中有象。恍兮忽兮、其中有物。窈兮冥兮、其中有精」と、恍惚・窈冥たる道の中に象・物・精などの物質的要素がすでに含まれていて、そのために無から有へと移行したのだと説明される。「故混而爲一」(第十四章)とか「有物混成、先天地生」(第二十五章)などと描写されるように、『老子』の道は当初から物質的性格を帯びている。そうしないと、無から有への移行がなぜ生じたのかを説明できなくなるからである。「恆先」には世界は無だったのだが、すでに質と静と虚の三者だけは存在していたとする『恆先』の説明も、これと同じ構造を示すのである。

最初は微小だった質・静・虚の三者は、やがて膨張し始める。大質・大静・大虚へと増長した三者は、無の中に封じ込められたままの現状に不満を抱き、「恆」からの脱出を図る。その結果として、「恆」の時期には存在しなかった「或」なる時期が発生したとされる。「或」は恐らくは「惑」の意味で名付けられたのであろう。原初の世界である「恆」と、後発の世界である「或」を設定し、「恆」と「或」二つの時期、二つの世界の対比で、宇宙の生成や世界の基本構造を説明するところに、『恆先』の最大の特色がある。『老子』も、「天下萬物生於有、有生於無」(第四十章)とか「道生一、一生二、二生三、三生萬物」(第四十二章)と、道(無)の段階から万物が発生する有の段階への移行を説くが、後者の段階を総称する概念を立てていない。これと比較すると、「恆」と「或」を対比する『恆先』の構造は、『老子』には見られない思想的特色である。

『恆先』の思想的特色としては、さらに気の生成論を説く点を挙げることができる。『恆先』の作者は、「有或焉有氣。有氣焉有有」(1)と、「或」の段階に入ってから気が発生したと述べる。「出生虛靜」(2)

の句は、何が虚静から出生したのか、その主語を明示しないが、(2)の後文はもっぱら気の発生を記述するから、恐らく主語は気であろう。

(2)の説明によれば、「氣是自生」「氣是自生自作」と、気は何者かを母として生じたのではなく、自分で生じ、自分で動き回るようになったのだという。したがって、「恆莫生氣」「恆氣之生、不獨有與也」と、「恆」は気の発生に何ら関与していないとされる。とすれば、「恆」から「或」へ移行した萌芽は、「恆」が内在させていた質・静・虚にあるとしても、「或」の世界になって静虚から自分で生じてきた気と、宇宙の始原である「恆」とは、本来的に絶対他者であって、両者の関係は全く断絶していることになる。

『老子』も「道生一、一生二、二生三、三生萬物。萬物負陰而抱陽、冲氣以爲和」(第四十二章)と、流出論の形式で宇宙の生成を語るが、「道」と「冲氣」の間に本質的な断絶は設定されていない。「專氣致柔、能嬰兒」(第十章)と言われる場合も同様で、気そのものが否定的に扱われたりはしない。

これに反して『恆先』の気は、無である「恆」の段階から、有である「或」の段階へと、世界が劣化して行く象徴としての役割を負わされている。『老子』の場合は、「大道氾兮、其可左右。萬物恃之而生」(第三十四章)「萬物得一以生」(第三十九章)と、母なる道から万物が生み出され、万物が強壮を競って道から離れるにつれて、「不道」(第五十五章)なる劣化状態に陥るとされる。すなわち徐々に劣化が進行する形を取るのである。ところが『恆先』は、「恆」と「或」の間に強い断絶を設定するため、「恆」と気の間に母子関係を設定することもできなくなる。そこで気が「恆」とは無関係に、自分で勝手に生まれてきたとする形が取られたのであろう。この気の生成論も、『老子』には見られない『恆先』の特色であろう。

静虚から生じてきた直後の気は、「爲一若寂、夢夢靜同」（2）と、まだ混沌たる状態で分化していなかったとされる。「或」と気は表裏一体の関係にあるので、「未或明、未或滋生」（2）と、「或」もまた混沌・未分化の状態にあったと語られる。

『恆先』は（3）において、「或」の世界に万物が生じてきた状況を記述する。「或」そのものが「恆」に自得できずに「恆」から離脱してきた以上、「或」の世界に生ずる者たちも、同様の行動を取る。そこで「昏昏不寧、求其所生」との発生動機も、「自厭不自忍、或作」（1）とする「或」の発生動機と同じ性格を示す。このように、現状に対する不満・鬱屈を万物発生の動機とする点は、『老子』の宇宙生成論と似た面もあるが、微妙な違いも存在する。

『老子』の場合は、「萬物並作、吾以觀其復。夫物芸芸、各復歸其根。歸根曰靜、是謂復命。復命曰常、知常曰明」（第十六章）とか、「道常無爲而無不爲。侯王若能守、萬物將自化。化而欲作、吾將鎭之、以無名之朴」（第三十七章）と、道から生じた万物が「化而欲作」との欲望を抱くとされる。「化而欲作」とは、現状に対する不満・鬱屈の感情であるから、この点で『老子』と『恆先』は似た性格を持つと言える。

だが『恆先』では、「或」の世界に生じてきた万物は、「翼生翼、畏生畏、愇生愇、悲生悲、哀生哀、求欲自復、復生之生行」（3）と、反復を願うと述べられる。Aは自己と同類のAを生じようとし、Bは自己と同類のBを生じようとするとの反復行為は、茘枝はひたすら茘枝を反復して生み出し、兎はひたすら兎を反復して生み出して、種を保存しようとする生物の営みを踏まえたものであろう。『老子』が「萬物無以生、將恐滅」（第三十九章）と語るのも、同様の思考であろう。

ただし『老子』の側は、『恆先』のような形での「復」を万物の欲求に据えることはない。『老子』が説く「復」は、「萬物並作、吾以觀其復。夫物芸芸、各復歸其根。歸根曰靜、是謂復命。復命曰常、知常曰明」（第十六章）と、強盛を競う万物も結局は根本である道に復帰するとの意味である。繰り返し自己と同類を生じようとする「復」を万物の欲求に据える点は、『老子』とは異なる『恆先』の特色である。

『恆先』は（4）において、天地と万物の発生を描写する。混沌として一だった気は分化し始め、濁気が地を、清気が天を形成する。気はさらに分化・拡延し続け、万物が相生じて天地に満ち溢れる。「云云相生」とは、「神明復相輔也、是以成四時。四時復相輔也、是以成滄熱」とする『太一生水』のような発生形式を想定しているのであろう。『老子』には万物の発生に関して明確な「相生」の思考は見えないから、この点も『老子』とは異なる『恆先』の特色と言える。

また『恆先』の作者は、「同出而異性、因生其所欲」（4）と述べる。万物は等しく気から生じたのだが、それぞれに性を異にしていると言う。この性の違いは、次に「所欲」の違いを引き起こす。そのために万物は、鳥が樹上に生まれ、魚が水中に生まれるように、それぞれ自分が欲求する場所を選んで生じてくるのである。『恆先』は（5）でも、「性出於有」と性に言及するが、このように万物の性を論ずる思考は、『老子』には存在しない。これもやはり、『恆先』の道家思想が示す重要な特色である。

「察察天地、紛紛而復其所欲」（4）と、天地は万物がそれぞれの性の指示に従い、欲求する場所を選んで生成死滅を反復する場と理解される。これに対して「明明天行」の側は、同じように反復運動を繰り返しながらも、個体の死滅を伴う万物の反復運動とは違って、永遠に死滅することのない理法と理解される。『恆先』は「或」の世界に対して否定的評価を示すが、（4）の「天行」と（7）の「天道」だけは肯定的に扱われている。この点は、「天之道、不爭而善勝」（第七十三章）「天之道、其猶張弓乎。高者抑之、下者舉之。有餘者損之、不足者與之」（第七十七章）「天道無親、常與善人」（第七十九章）「天之道、制而不害」（第八十一章）と、道を万物を生み出した宇宙の本体とし、万物をやがて道に復帰すべき存在としながら、万物の一種である天道を肯定的に扱う『老子』と、共通した構造を持つ。さらに『太一生水』も、太一を宇宙の始原としながら、「天道貴弱、削成者以益生者」と「天道」を肯定的に登場させており、『老子』や『恆先』と似通った構造を示している。

『詩』や『書』に記録されるように、上天・上帝なる人格神を宇宙の主宰者とするのが、周初以来の伝統的世界観であった。これに対して、人格神の意志が宇宙を支配するとの思考を極力薄めて、日月星辰の運行や昼夜の交替、四時の循環などが示す規則性を「天道」として理法化する思想は、古代の史官の天道観に淵源を持つ[10]。これに対して『老子』は「道」を、『恆先』は「恆」を、『太一生水』は「太一」を、それぞれ新たに宇宙の始原に据えたのだが、三者ともに先行する天道思想を排除せず、自己の思想の中に取り込んで肯定的に継承したのである。

『恆先』は（5）の冒頭で、「知既而荒思不殄」と、どんなに万物が知恵を働かせても、迷妄に取り付かれた欲求は絶えないと語る。この一文がここに位置する必然性は、今一つ不明確であるが、以下に或→有→性→音→言→名→事と連続する発生の連鎖の起因を説明する文章かと思われる。この中「音出於性」とは、性を異にすれば発する音声も異なるとの意味であろう。

これ以下に、「A非A、無謂A」との句形が、前の発生の連鎖をなぞる形で連続するが、「謂」の主語が誰なのかは明示されない。「或非或、無謂或。有非有、無謂有」と、「或」や「有」に対する命名に言及することから、主語は「或」や「有」に先行する存在で、恐らくは「恆」だと思われる。

（1）から（5）までは、基本的に宇宙生成論が主題であったが、（6）になると、初めて人類の誕生が問題とされる。群臣が人間社会の便宜を図り、主君に利益をもたらそうとすると、華麗な建造物を建設して君主の功績とする発想が生じてくる。君主が事業を興そうと意図すれば、必ずそのために多くの建造物が造られることになるからである。

天下中で行われているこうした事業を通覧すれば、それらは、「恆」の許可を得て行われているのではない。人間は自分勝手に華美な建築物を造り続け、その事業は決して変更されることはない。

そもそも地上に華麗な建築物が数多く造られるとはいっても、人類発生以前には、そうした考え方自体が存在していなかったから、世界には善や治だけがあって、混乱などは存在しなかった。しかるに人類がこの世に誕生するや否や、自己の外側に事業の成功といった目的を立て、競って華美な建築物を建造して自分の功績を誇ろうとする不善・混乱が発生してきたのだ。

このように『恆先』の作者は、人類の存在を明確に悪と規定する。そもそも「或」自体が、「自厭不自忍」といった惑乱、負の感情から発生してきたのであり、「或」に生じた万物もまた「昏昏不寧」といった惑乱、負の感情から発生してきた。したがって『恆先』の作者の価値基準からすれば、「或」及び「或」

に生じた万物に対しては、否定的評価が下されることになる。だが「或」も万物も、明確に「不善」とまで評価されることはなかった。しかるに人類は、「不善」や「亂」の発生源だと断言されている。

このように、万物の中から特に人類だけを抽出した上、人類の存在自体を悪の元凶と規定する思考は、『老子』にも『太一生水』にも全く見られない主張である。これも『恆先』の道家思想の重要な特色であろう。(11)

『恆先』は(7)において、中外、小大、柔剛、円方、晦明、短長などの先後関係を述べる。ただし「先有中、焉有外」とされるとき、中と外の先後関係がどの時期を境界線としているのかは判然としない。直前に「亂出於人」とあることを重視すれば、人間が相対判断を用い始めると、先ず中・小・柔・円・晦・短の系統が出来上がり、次いで外・大・剛・方・明・長の系列が成立して、六種の対が出揃ったとの意味だと理解できる。『恆先』は単に二つの系列の先後関係を述べるに止まり、両者の間の優劣が明示されてはいない。だが、この先後関係は暗黙のうちに先ー優、後ー劣との価値的序列を語っているであろう。この点について『老子』と比較してみよう。

これら六種の對のうち、「中」と「外」については『老子』に明確な記述が見えない。「小」と「大」については、「道常無名。朴雖小、天下不敢臣」(第三十二章)「常無欲可名於小。萬物歸焉而不爲主。可名爲大。是以聖人、終不爲大」(第三十四章)「見小曰明」(第五十二章)「爲無爲、事無事、味無味、大小多少」(第六十三章)と、『老子』でも「小」は道の性格の一つとして、「大」よりも優位におかれている。「柔」と「剛」についても、「天下之至柔、馳騁天下之至堅」(第四十三章)「守柔曰强」(第五十二章)

「柔弱者生之徒」（第七十六章）「弱之勝强、柔之勝剛、天下莫不知」（第七十八章）と、「剛」に対する「柔」の優位が明言される。「圓」と「方」についても『老子』には直接の記述はないが、「曲則全、枉則直」（第二十二章）「大方無隅」（第四十一章）「大直若屈」（第四十五章）など、曲線が直線に勝ると述べる箇所が、やや近似した思考と言える。

「晦」と「明」については、『老子』に直接の記述は見えない。だが「明道若昧」（第四十一章）「和其光、同其塵。是謂玄同」（第五十六章）「光而不曜」（第五十八章）といった主張から、『老子』が「明」よりも「昧」や「玄」の側を優位に置いていたことは確かであろう。「短」と「長」に関しては、「長短相形」（第二章）との記述はあるものの、「短」を「長」より優位に置く主張は存在しない。

このように見てくると、明確に『老子』と共通するものとしては「小大」と「柔剛」の二つが挙げられ、不鮮明ながら類似するものとしては「圓方」と「晦明」の二つが挙げられる。したがってすべてが一致するわけではないが、『恆先』と『老子』の間には、部分的に共通する価値観を見出だすことができる。

この（7）は直接に万物の生成を述べる内容ではなく、相対判断の形式が成立する過程を述べる内容である。その意味で（7）は、全体として「天下皆知美之爲美、斯惡已。皆知善之爲善、斯不善已。故有無相生、難易相成、長短相形、高下相傾、音聲相和、前後相隨」とする『老子』第二章と良く似ている。ただし『老子』の場合は、「天下皆知美之爲美、斯惡已。皆知善之爲善、斯不善已」と、人間による美悪・善不善の相対的価値判断は絶対判断にはなり得ないとの批判を導入部分とするため、有無・難易・長短・高下・音声・前後などの人間による相対判断が、絶対判断とはなり得ないとの論旨であることは明快に理解できる。

ところが『恆先』の側は、中外・小大・柔剛・円方・晦明・短長などの相対判断が、人間の認識行為から生ずるとは明言されない。そのため、先に中が存在し、後に外が存在したといった先後関係が、人間の認識行為とは無関係に、対象世界の側で成立したと理解する可能性も残される。ただし直前に人間が諸悪の元凶であると記されるので、人間が相対判断を行って虚構の名称の体系を捏造したが、それは天道のような一定性や恒常性を維持できないとの意味である可能性の側が高いであろう。

最後の（8）は『恆先』の中で最も難解である。冒頭の「恆氣之生、因言名」について、李零氏は「恆氣」二字で原始の気の意味に解釈する。しかし（2）では、「氣是自生、恆莫生氣。氣是自生自作。恆氣之生、不獨有與也」と、気は「恆」とは全く無関係に生じてきたと明言されているから、「恆」と気を結合して、（8）の「恆氣」を原始の気と解釈するのは無理であろう。

「恆氣」二字は（2）にも「恆氣之生」として出てくるが、前に引いた（2）の文章全体の論旨が、「恆」と気の断絶を強調する点にあることには疑問の余地がない。とすれば、「恆」と気の断絶を強調する一方で、「恆」と気を結合して「恆氣」の存在を主張するのは全くの矛盾となる。したがって（2）の「恆氣」二字が原始の気を意味する語である可能性は極めて低いであろう。（8）の「恆氣」もそれと同じで、原始の気を指すとは理解できない。

故に冒頭の「恆氣之生、因言名」は、「或」の世界に気が生じた段階で、「恆」が言語によって万物に命名したとの意味に解釈すべきであろう。もっとも、人間ではなく、「恆」が言語を用いて命名したというのは、不可解な印象を免れない。言語を使用するのは人間だけだというのが、一般常識だからである。「言」については、（5）に或→有→性→音→言→名→事との発生順序が記されていた。通常の思考に従えば、この序列のうち、言→名→事の部分は、人類誕生以後の段階を指すと理解したい所である。だが『恆先』の作者は、そうした区分を一切示してはいない。そのために言語によって万物に命名した主体が「恆」である可能性が残るのである。（5）の「或非或、無謂或」から「事非事、無謂事」までの「謂」の主語が明示されず、「恆」ではないかと推定される点をも考え合わせれば、（8）で言語による命名を行ったとされる主体も、やはり「恆」であると理解するのが妥当であろう。

続いて（8）は、「先者有疑荒言之、後者校比焉」と述べる。ここにも先後関係が登場するのだが、どの時期を境界線として先と後を区分しているのかは判然としない。「疑荒」の意味もよく分からないが、厳密に比較して査定する「校比」と対照されていることから推測するに、曖昧・漠然の意味と思われる。とすれば、「恆」は気が発生した後、言語を用いて万物に命名したが、「先者」はその名称を曖昧なままに使用し、「後者」はその名称を緻密に比較して査定したということになる。「後者」が人間を指すのは明白であるが、「先者」は誰を指すのであろうか。人類誕生以前に名称を使用したとなれば、その主体は、自ら万物に命名した「恆」以外には考えられないであろう。

前述したように、「恆」が言語を用いて命名し、自らその名称を運用したというのは、一見奇異な思考である。だがこれと同様の思考は、『老子』にも存在している。馬王堆前漢墓出土の帛書『老子』甲本の第一章は、「道可道也、非恆道也。名可名也、非恆名也。无名萬物之始也。有名萬物之母也」と記す。[12]「名可名也、非恆名也」とある以上、『老子』は「名」に恒常性を保つ「名」と、恒常性を維持できない「名」の二種類を設定していたことになる。後者の恒常性を維持できない「名」が人間の命名行為を経た名称であることは明確である。とすれば、恒常性を維持し続ける前者の「名」は、人間によって命名された名称ではないことになる。それでは誰が「恆名」を生じたのであろうか。その主体は、『老子』にあっては「道」以外に考えられないであろう。

第一章は「无名萬物之始也」とも記す。「无名」なる状態こそが万物の始原だというのである。「无名」の段階の万物は、相互の同異を識別されることがないので、認識上は未分化の状態にある。これに続けて第一章は、「有名萬物之母也」と述べる。万物それぞれに名称が付けられた「有名」なる状態こそが、万物を生み出す母体だというのである。この「有名」なる段階の万物は、すでに個々に命名されており、相互の同異を識別されるので、認識上はすでに分化した状態にある。この段階での命名行為の主体は人間ではあり得ないから、「无名」から「有名」に転換させる命名行為を行ったのは、やはり「道」だということになる。

また帛書『老子』乙本の第三十二章は、「始制有名。名亦既有、夫亦將知止。知止所以不殆」と記す。ここの「始」は、第一章に「无名萬物之始也」と記されていた「始」と同じで、万物がまだ「无名」だった時期を指す。まだ「无名」だった「始」の時期に、「道」が万物に命名して、「有名」なる段階へと転換させたのである。ただし「名」が「有」の世界を包摂し尽くしたならば、そこで「道」は命名行為を中止したという。命名し終えた後も止まろうとせず、さらに精緻な名称の探究に進めば、危殆に瀕するからである。「道」が「无名」から「有名」へと切り換える際に命名した名称が、第一章に述べられていた「恆名」であり、後に人間が厳密さを追求して命名した名称が「非恆名」である。

このように『老子』第三十二章においても、最初に命名行為を行ったのは、「道恆无名」（甲本第三十七章）と、自らは無名であり続けるがゆえに万物を超える存在である「道」だとされている。こうした『老子』の思考を参照すれば、「恆」が言語を用いて万物に命名したとする『恆先』の思考も、道家思想としては決して奇異なものではないと言える。（8）の「先者有疑荒言之」とは、「恆」が最初に命名した名称が苛察に陥らない曖昧模糊としたものだったことを言うのであり、「後者校比焉」とは、『老子』で言えば、止まることを知らぬ人間が精緻さを競って「非恆名」なる名称を作り上げた行為に相当すると考えられる。

続いて（8）は、「舉天下之名、虛樹習以不可改也」と述べる。「天下之名」とは、人間が「疑荒」を除去しようと「校比」によって作り上げた名称を指す。『恆先』の作者の価値観に基づけば、それは「虛」なる名称にすぎない。だが人類誕生以来、虛名を用いた名分の体系が樹立され、人間は久しくそれに習熟してきているので、決して「恆」が命名した名称に戻ることはできないというのである。

次に『恆先』は、「舉天下之作、强者果天下之大作。其𡬷尨不自若作。庸有果與不果、兩者不廢」と述べる。「强者」とは、強大になろうと興起する者、より具体的には天下の覇権を争う有力諸侯を指すのであろう。彼等は断固やり遂げようとする果敢さを尊んで興起してきた。「𡬷尨」二字は難解であるが、「尨」は「膨」と同義で、「𡬷」は燦に近い意味ではないかと思われる。恐らく「𡬷尨」二字で、輝いて膨張する意味であろう。有力諸侯は栄光と膨張を願って、じっとして居られず、覇業を達成しようと興起するというのである。彼等の価値観は、果断と優柔不断の間に優劣の差を設けるので、兩者の差別が廃止されることはないとも言われる。

ここでは「作」「大」「強」「果」などが否定の対象とされているが、同じような傾向は『老子』にも見られる。第三十章では、「以道佐人主者、不以兵强天下。其事好還。師之所處、荊棘生焉。大軍之後、必有凶年。善者果而已。不敢以取强。果而勿矜、果而勿伐、果而勿驕。果而不得已。果而勿强。物壯則老。是謂不道。不道早已」と、「強」や「果」が道に背く所業として否定されている。第四十二章でも、「强梁者、不得其死」と「強」が否定される。また第三十四章では、「是以聖人終不爲大」と、功業を追求する形の「大」が否定され、第十六章では「萬物並作、吾以觀其復」と、第三十七章では「化而欲作、吾將鎭之以無名之朴」と、「作」が否定されている。この点で『恆先』と『老子』の間には、思想傾向の類似性を指摘できるのである。

次に『恆先』は、「舉天下之爲也、無舍也、無與也、而能自爲也」と述べる。「爲」の発生原因は、現状に甘んずることができず、「恆」の在り方に従うこともできずに、自分勝手に行動しようとする精神にあるというのである。「無爲」を尊ぶ『老子』にあっても、「將欲取天下而爲之、吾見其不得已。天下神器、不可爲也。爲者敗之、執者失之」（第二十九章）と、こうした形での「爲」が否定されることは言うまでもない。これに続く「舉天下之性同也、其事無不復」の意味は、すでに（3）と（4）の箇所で解説した通りである。

次に『恆先』は、「舉天下之作也、無許恆、無非其所。舉天下之作也、無不得其恆而果遂。庸或得之、

庸或失之」と述べる。ここでは、「作」が「恆」の許可を得ずに為された非行として明確に否定され、「恆」の在り方を体得せずには、どんなに成功を追い求めても、決して成就しないと主張される。

注目すべきは、「無許恆」とか「不得其恆」といった表現である。こうした表現からは、「恆」が単に宇宙の原初の段階を指すに止まらず、世界が「或」の段階に移行した後も、背後で「或」の世界を制御し支配し続ける、宇宙の主宰者と考えられていることが判明する。これは『老子』の「道」が、「道冲而用之或不盈。淵乎似萬物之宗」(第四章)とか、「執古之道、以御今之有」(第十四章)と、万物発生後の世界をも背後で制御し続ける宇宙の主宰者とされているのと同じ構造である。『太一生水』の場合も、「太一生水。水反輔太一、是以成天。天反輔太一、是以成地」と、「太一」は宇宙の始原なのであるが、と同時に「是故太一藏於水、行於時、周而或成。以生爲萬物母。一缺一盈、以紀爲萬物經。此天之所不能殺、地之所不能釐、陰陽之所不能成」と、「太一」は水に潜みながら万物を制御する宇宙の主宰者でもある。この意味で『恆先』の「恆」と『老子』の「道」と『太一生水』の「太一」は、酷似した性格を示すのである。

このように『恆先』の「恆」が宇宙の主宰者としての性格を持つため、「庸或得之、庸或失之」と、「或」のやり方で成功を獲得したように見えても、結局は失敗に終わると警告される。この点でも、「將欲取天下而爲之、吾見其不得已」(第二十九章)「以道佐人主者、不以兵强天下」「物壯則老。是謂不道。不道早已」(第三十章)「夫樂殺人者、則不可以得志於天下矣」(第三十一章)などと、「道」に背くやり方での覇業は成功しないと説く『老子』との共通性を看取し得る。

次の「舉天下之名、無有廢者」は、前出の「舉天下之名、虛樹習以不可改也」と、ほとんど同じ意味であろう。『恆先』の最後は、「舉天下之明王明君明士、庸有求而不慮」との文章で締め括られる。先頭の文字は竹簡では「與」であるが、「與」は「舉」と同義であろう。(8)には「舉天下之……」との句形が頻出するが、ここも「舉天下之明王明君明士」とする句形と理解すべきであろう。天下中の明王・明君・明士のやり方を通覧するに、皆「或」を用いて事業の成功を追求しているが、それが結局は失敗に終わることを明察できないというのである。《附図参照》

四

これまで検討してきた『恆先』の思想内容を踏まえて、古代思想史における『恆先』の意義を考察してみよう。『恆先』と『老子』と『太一生水』の間には、多くの共通性が見られる。第一は、その思想が宇宙の始原から説き起こして、現今の人間社会の在り方を批判するという、宇宙生成論と文明批判を接合した構造を備える点である。ただし『太一生水』は、宇宙生成論に較べて文明批判の領域が手薄であるが、これはその部分の竹簡に欠損が多いためと考えられる。

第二は、『恆先』も『老子』も、宇宙の始原を「無」と規定する点である。『太一生水』は宇宙の始原を「無」だと明言はしないが、「太一」のみが存在した原初の段階では、天地・万物が存在しなかったのであるから、実質的には宇宙の始原は「無」だったと主張していることになろう。

第三は、『恆先』の「恆」、『太一生水』の「太一」、『老子』の「道」の三者が、極めて良く似た性格を

上博楚簡《恆先》図

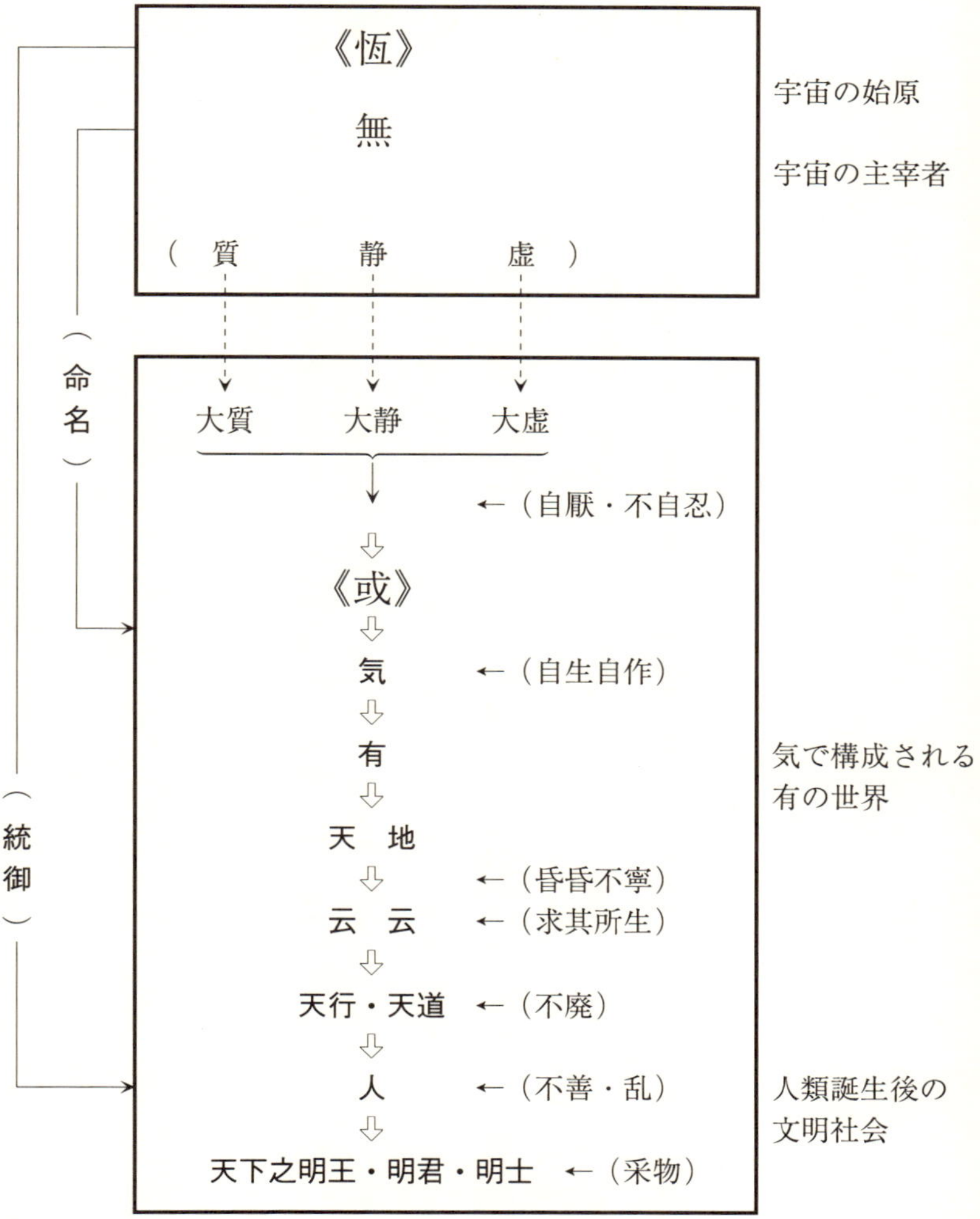

《恆》
無
宇宙の始原
宇宙の主宰者
（ 質 静 虚 ）
（命名）
（統御）
大質 大静 大虚
←（自厭・不自忍）
《或》
気 ←（自生自作）
有
気で構成される有の世界
天 地
←（昏昏不寧）
云 云 ←（求其所生）
天行・天道 ←（不廃）
人 ←（不善・乱）
人類誕生後の文明社会
天下之明王・明君・明士 ←（采物）

示す点である。これら三者は、いずれも宇宙の始原であると同時に、万物発生後の現今の世界をも背後で統括する、宇宙の主宰者とされている。したがって三者は、宇宙の絶対神とも称すべき存在なのであるが、それにもかかわらず、上天・上帝が持つ人格神的要素は極力稀薄化されている。この点で三者は、共通した性格を示すのである。

第四は、『恆先』『太一生水』『老子』の三者が、それぞれ「恆」「太一」「道」といった宇宙の主宰者を立てながら、「天道」を理法化する天道思想を、自己の体系の中に肯定的に組み込んでいる点である。『恆先』と『太一生水』には、上天・上帝は全く姿を見せない。つまりこの両者は、先行する上天・上帝を全く無視し排除したのである。『老子』のみは、「象帝之先」(第四章)と上帝の存在に一度だけ言及する。だがこれも、「道」を上帝に先行させ、上帝に対する「道」の優位を宣言するためであり、宇宙の主宰者としての上天・上帝の姿は、『老子』にも皆無である。こうした上天・上帝に対する冷淡な姿勢と比較すると、「天道」に対しては三者ともに肯定的であると言える。

第五は、『恆先』『太一生水』『老子』ともに、強大・滿盈を獲得しようとする人間の作為を強く批判する点である。『太一生水』にはこの側面が稀薄に見えるが、それはこの部分の竹簡に欠損が多いためで、「天道貴弱。削成者以益生者」といった表現から、『太一生水』にも同じ思想が存在していたことは確かである。

第六は、『恆先』と『老子』が、ともに万物への命名を論ずる認識論的視点を持つ点である。しかも両者は、万物発生時に宇宙の主宰者によって行われた命名行為と、その後に人間によって行われた命名行為を区別する構造を持つ点でも、強い共通性を示している。これに対して『太一生水』には、認識論的視点が稀薄で、「下土也、而謂之地。上氣也、而謂之天。道亦其字也。請問其名。以道從事者必託其名。故事成而身長。聖人之從事也、亦託其名。故功成而身不傷。天地名字並立」と、道と天地の関係を名と字を用いて説明するに止まっている。

これまで『恆先』『太一生水』『老子』三者に共通する性格を指摘した。もとより三者の間には、重要な違いも存在する。次にその幾つかを指摘してみよう。

『恆先』においては、「恆」と「或」の二つの世界が、断絶した形で設定されている。「恆」が内含した質・静・虚が増長して「恆」に不満を抱いた点が、後に「或」の世界を生じた原因とはされているものの、「或」の世界を形成する「氣」の発生に「恆」は全く関与していないとして、両者の間には強い隔絶が設定される。これは、「或」なる劣化した世界に対して、「恆」が責任を負わずに済むようにする仕掛けであろう。

これに対して『老子』は、「恆」と「或」のように、世界を明確に二段階に分割する構造を持たない。「道」は万物を生み出すが、万物は母なる「道」を逸脱して強盛を競う。だが万物は「道」に回収されて根本に復帰する。『老子』はこのように、万物が「作」と「復帰」の間を往復する、『恆先』よりも連続性の強い形を取るのである。この形式の場合は、善なる「道」から生まれた万物がなぜ非行に走るのか、悪を発生させた責任は、そもそも「萬物之宗」たる「道」にあるのではないかとの疑念を生ずる。『恆先』のように世界を明確に二分しなかったため、悪の発生と「道」を完全に隔離することが難しいわけである。

この点は微妙な違いとも言えるが、やはり重要な違いでもある。『恆先』と『老子』の違いとしては、さらに性説の有無が挙げられる。『老子』には性に関する思索は全く存在しない。この点は『太一生水』も同様である。ところが『恆先』には、「同出而異性、因生其所欲」とか「性出於有」「性非性、無謂性」などと、性に関する思索が登場する。この点は両者の重要な違いとして留意すべきであろう。

また氣の生成論に関しても、『恆先』と『老子』の間には大きな違いが存在する。『恆先』は、「有或焉有氣、有氣焉有有」「氣是自生自作」とか、「濁氣生地、清氣生天。氣伸神哉、云云相生」「恆氣之生、因言名」と、「或」の世界の万物は気から生じたとする生成論で一貫している。

『老子』も、「專氣致柔、能嬰兒」（第十章）「萬物負陰而抱陽、冲氣以爲和」（第四十二章）「心使氣曰强」（第五十五章）と、気に言及する。したがって『老子』にも、万物が気で形成されているとの思考が存在したと認められる。だが『老子』の気に対する言及は断片的で、宇宙生成論全体が気で統一されているわけではなく、『恆先』のように一貫した理論とはなっていない。『太一生水』も事情は同じで、宇宙生成論を展開しながらも、気に言及するのは「上氣也、而謂之天」の一箇所のみで、気による一貫した生成論の形を取ってはいない。『恆先』のみが極めて完成度の高い気の生成論を提示したことは、『老子』や『太一生水』との重要な相違点である。

これまで『恆先』『太一生水』『老子』三者の間の共通性と差異を検討してきた。その検討結果は、道家思想の形成と展開を考える上で、多くの示唆を提供する。『恆先』『太一生水』『老子』の三者は、それぞれ「恆」「太一」「道」を宇宙の主宰者とする、独自の宇宙生成論を提出している。そしてこの三者の間には、先行するいずれかの影響を受けて、他の二つがその亜流として形成されたといった、顕著な影響関係は見出だせない。確かに『太一生水』には『老子』への対抗意識が窺えるが[13]、『太一生水』の宇宙生成論そのものは決して『老子』の焼き直しではなく、全く独自の体系である。

これまで我々が利用できた先秦の道家思想の文献は、ほとんど『老子』と『莊子』に限られていた。そのため、『老子』が道家思想の始祖と目され、多くの場合、道家思想はすべて『老子』を始原として展開し発展してきたと考えられてきた。だが相次ぐ戦国楚簡の発見によって、『恆先』『太一生水』『老子』の三者が、それぞれ独自の宇宙生成論を掲げて並立していた状況が浮かび上がってきたのである。

それではこうした並立状況は、いつ頃出現したのであろうか。『老子』の成立時期について梁啓超は「論老子書作於戰國之末」（『古史辨』第四冊）で、『老子』には「仁義」の語が見えるが、仁と義の連用は孟子の専売品であるから、孟子の時代より前に『老子』が存在したはずはなく、「王侯」「侯王」「王公」「萬乘之君」とか「取天下」といった語句も、春秋時代の人間にはふさわしくない戦国的用語であるとして、『老子』の書が作られたのは春秋末ではなく戦国末だと主張した。

顧頡剛は「從呂氏春秋推測老子之成書年代」（『古史辨』第四冊）において、『呂氏春秋』には『老子』と似通った文句が多く見えるが、明確に『老子』からの引用だとは認めがたく、『呂氏春秋』が編纂された当時にはまだ今の形のような『老子』は存在していなかったのではないかと推測する。その上で顧頡剛は、『老子』と『荀子』の文体は極めて似ており、『老子』が書かれた時代は荀子の活動時期と近いと考えられるとする。彼はこれを論拠に、『老子』が今の形に定着したのは、早ければ戦国末、遅ければ漢初だと結論づけた。

日本においても江戸時代の儒者・齋藤拙堂は、『拙堂文集』巻四の中で、仁義の連称は孟子に始まり、『老子』が「大道廢有仁義」（第十八章）とか、「絶仁棄義、民復孝慈」（第十九章）などと仁義を譏るのは、孟子に反対しようとしたからだとして、老子は孟子より後の人物だと考えた。

また武内義雄『老子の研究』（一九二七年）は、法家の言が混じる今の『老子』は、慎到・韓非系の学者が伝えたテキストで、その成立時期は前二四〇年前後、戦国末から秦初の間の編纂だと推定した。

これに対して津田左右吉『道家の思想と其の展開』（一九二七年）は、齋藤拙堂の説を踏襲し、『老子』が仁義を排斥したのは、孟子の思想を根本的に覆そうとしたものであるが、『孟子』には『老子』への論難が見えないから、『老子』は孟子より後の製作だと推定する。

さらに木村英一『老子の新研究』（一九五九年）は、『老子』は老聃の遺言や俚言・格言等、多様な材料を漢初の時期に整理・取捨して、道家の経典に仕立てたものであるが、その編成作業も数次にわたり、一人一時の制作ではないとの結論を提示する。

以上紹介した疑古派ないし釈古派の論調は、人ごとに少しずつ論法が異なってはいるが、『孟子』の内容を重要な基準とした上で、『老子』の成書年代の上限を孟子の活動時期（前三二〇～前二九〇年頃）より後に措定するという、大きな共通性を示している。下限の方は論者によってまちまちであるが、遅く見る説では漢初まで引き下げている。

だが馬王堆前漢墓から帛書『老子』甲乙本が発見されたことや、戦国中期の郭店一号楚墓より三種類の『老子』抄本が発見されたことによって、[14]前に紹介した諸説は根本から覆ってしまった。『老子』は前三〇〇年頃と推定されている郭店一号楚墓の造営時期をかなり遡る時期、すなわち戦国前期（前四〇三～前三四三年）には、すでに成立していた可能性が高くなった。この点は、同じく郭店一号楚墓から出土した『太一生水』に関しても全く同様である。

『恆先』を含む上博楚簡の場合は、盗掘品であるため出土地点は不明で、副葬された時期もはっきりしない。そこで中国科学院上海原子核研究所において、炭素14を用いた年代測定が行われた。その測定結果は二二五七±六五年で、[15]一九五〇年が国際定点であるから、上博楚簡は前三〇八±六五年、つまり前三七三年から前二四三年の間の書写となる。また『上海博物館蔵戦国楚竹書』第一分冊前言は、副葬時期について、竹簡や字体の分析、郭店楚簡との比較から、楚が秦の攻撃を受けて郢から陳に遷都する前二七八年以前と推定している。したがって上博楚簡の書写年代は、前三七三年から前二七八年の間となる。とすれば、原著の成立時期は当然写本の書写年代をかなり遡るから、『恆先』は遅くも戦国前期にはすでに成立していたと見なければならない。

荊門市郭店近辺の古墓

以上述べてきた結果を踏まえると、『恆先』『太一生水』『老子』

の三者は、戦国前期にはすでに独自の体系を掲げて並立していたと考えられる。もとより三者の成立時期が春秋末まで遡る可能性も排除できない。またこの三者以外にも、独自の宇宙生成論を持つ道家思想が存在していた可能性も残されている。

したがってこの種の道家思想は、春秋末から戦国前期にかけて、同時多発的に出現してきたと考えざるを得ない。『楚辞』天問の冒頭には、「曰、遂古之初、誰傳道之。上下未形、何由考之。冥昭瞢闇、誰能極之。馮翼惟像、何以識之」との疑問が提出される。宇宙の始原の時代のことを、いったい誰が言い伝えていたのか。天地すら存在しない時代のことを、いったい何に基づいて考究したのか。闇と光さえ判然としない薄暗がりの時代に、誰が宇宙の姿を見極めたのか。無形の混沌の中から有象が生じたというが、どうやってそれを知ることができたのか。屈原はこうした疑念を表明するのだが、それは明らかに宇宙生成論の存在を前提に発せられた疑問である。

これを『恆先』に対応させれば、「遂古之初」は「恆先無、有質靜虛」に、「上下未形」は「未有天地、未有作行」に、「冥昭瞢闇」は「夢夢靜同、而未或明」に、「馮翼惟像」は「氣伸神哉、云云相生」に対応する。無論『太一生水』や『老子』にも、同様の対応関係を指摘することが可能である。

「太史公曰、余讀離騷天問招魂哀郢、悲其志」（『史記』屈原賈生列伝）と、『楚辞』天問の作者と目される屈原は、楚の懐王（在位：前三二八～前二九九年）に左徒として重用され、王命により憲令を起草したが、讒言にあって漢水の北に追放される。後に政界に復帰するが、頃襄王（在位：前二九八～前二六三年）の初年に再び讒言により江南に追放され、前二七八年に都・郢が秦の手中に落ちる悲報に接しながら各地を放浪し、ついに汨羅に身を投じたという。したがって屈原の活動時期は、前三三〇年頃から前二七〇年頃となる。

『楚辞』天問の内容は、屈原が天問を作る以前から、つまり戦国中期後半より前の時代に、宇宙の始原を論ずる宇宙生成論が存在した状況を示している。やはりこれも、春秋末から戦国前期にかけて、各種の宇宙生成論を掲げる道家思想が形成されていたことの補証となろう。

それでは宇宙生成論を持つ道家思想が、同時多発的に出現した地域はどこであったろうか。それを探る手掛かりは、老子伝説の中にある。老子伝説の多くは、「老子者、楚苦縣厲鄕曲仁里人也」「或曰、老萊子亦楚人也」（『史記』老荘申韓列伝）「陽子居南之沛、老聃西遊於秦、邀於郊、至於梁而遇老子」（『荘子』寓言篇）「老子、姓李、字伯陽、楚相縣人也」（邊韶「老子銘」）と、老子の出身地を陳の故地である楚の北辺や、楚の北辺に隣接する宋国の沛とする。また戦国中期、斉の稷下にやって来た環淵は、「環淵楚人」（『史記』孟子荀卿列伝）と楚人とされ、『漢書』芸文志の班固自注は「老子弟子」だと記す。こうした伝承の存在は、『老子』が成立した地域が楚の北辺であったことを示唆するものであろう。(16)

これに関連して、上博楚簡には興味深い現象が見られる。『上海博物館蔵戦国楚竹書』第四分冊(17)には、『采風曲目』『逸詩』『昭王毀室・昭王與龔之脽』『柬大王泊旱』『内禮』『相邦之道』『曹沫之陳』の七篇が収録される。この中、『采風曲目』は楚の楽官が整理した歌曲の目録と推定されている。また『昭王毀室・昭王與龔之脽』は、楚の昭王（在位：前五一五～前四八九年）と臣下の故事を記す内容である。『柬大王泊旱』は、楚の簡王（在位：前四三一～前四〇八年）の故事を扱う内容である。これら三篇は、その内容から判断して、楚の国内で成立した文献と考えられる。

一方、魯の荘公（在位：前六九三～前六六二年）の時、魯の将軍として活躍した曹沫の兵法を伝える『曹沫之陳』は、明らかに魯の国内で成立した文献と考えられる。同様に第一分冊が収録する『孔子詩論』や『緇衣』、第二分冊が収録する『子羔』や『魯邦大旱』、第三分冊が収録する『仲弓』、第四分冊が収録する『相邦之道』なども、孔子と門人が登場する体裁から判断して、斉や魯の地方で成立した文献であることは明白である。

こうした現象は、上博楚簡の中には、斉や魯といった山東地方で成立した文献と、楚で成立した文献とが混在していることを示している。したがって『恆先』も、楚の国内で成立した現地性の文献と考えることが可能なのである。同じことは、郭店楚簡についても言える。郭店楚簡は十四篇の文献を含むが、『緇衣』や『魯穆公問子思』が斉や魯の地方で成立した文献であることは論を俟たない。これに対して『老子』抄本と『太一生水』は、楚で成立した文献であると考えることが可能であろう。

『詩』や『書』を先王の書として尊ぶ中原の文化圏では、有意志の人格神である上天・上帝こそ宇宙の主宰者であるとの固定観念が、確固として定着している。この上天・上帝信仰においては、宇宙の始原が思索の対象とされることはなく、「天生烝民」（『詩経』大雅・烝民）と、せいぜい人類の誕生から話が始まる。春秋末に魯で形成された儒家や墨家の学団は、伝統的な上天・上帝信仰の枠組みを踏襲し、『詩』や『書』を経典視した。当然儒家や墨家の思想では、宇宙生成論が思索の対象とされることはなく、「古者民始生」（『墨子』尚同上篇）と、やはり人類の誕生から話が始まる。同じく中原の文化圏で成立した史官の天道思想は、上天・上帝よりも天道を前面に押し出すが、宇宙の始原を説明する宇宙生成論の体系は備えていない。

したがって、文王・武王が上天より受命したとの建国神話を奉ずる周の王朝体制の下、中原の文化圏から、上天・上帝を無視ないし否定して、宇宙生成論を説く思想が生み出された可能性は低い。もしこうした宇宙生成論を肯定した場合は、殷周革命はその理論的根拠を喪失してしまうからである。

とすれば、『恆先』『太一生水』『老子』などの宇宙生成論は、周の王朝体制下に組み込まれておらず、中原の文化圏に対抗する独自の文化圏の中から発生してきた可能性が高い。周の王朝体制の下で王号を名乗れるのは、周王ただ一人であり、中原諸侯が王号を僭称し始めるのは、戦国中期になってからである。しかるに呉・楚・越など長江流域の諸国は、春秋時代から王号を称して周に対抗していた。前六〇六年に楚の荘王が兵を率いて周の都・洛陽に乗り込み、周王に鼎の軽重を問うたのは、その象徴的な事例である。

そこで范蠡も、「王孫雒曰、子范子、先人有言曰、無助天爲虐、助天爲虐者不祥」（『国語』越語下篇）と中原の格言を持ち出されても、「范蠡曰、王孫子、昔吾先君固周室之不成子也。故濱於東海之陂。（中略）余雖靦然而人面哉、吾猶禽獸也。又安知是諓諓者乎」（『国語』越語下篇）と、越は周の王朝体制に組み込まれていないとの理由を挙げて、その権威を認めないのである。

上天・上帝は感情や意志のみを持ち、身体・形象を持たない形而上的神格であるが、それは人間から身体的要素を取り除いて感情や意志だけを残したもので、あくまでも人間を摸した神格である。

これに反して「恆」や「太一」や「道」は、人間の似姿としての性格を全く持たず、たとえ物ならざる物ではあっても、基本的には物としての性格を示す。この人か物かとの差異は、哲学的には本質的な違いであって、両者の間には超え難いほどの深い断絶が存在する。人間を模した人格神を宇宙の主宰者に立てる思考を否定し、物に類する存在を宇宙の主宰者に据える思想は、中原の文化圏、周の王朝体制下の地域からは、決して生み出されないであろう。

以上の理由から筆者は、『恆先』『太一生水』『老子』などの宇宙生成論は、春秋末から戦国前期にかけて、中原に隣接する楚の北辺に現れた思想だと考える。この種の宇宙生成論への疑問が『楚辞』天問に記されることも、その補証となろう。[18] これら三種の宇宙生成論は、いずれも中原の天道思想を自己の体系中に取り込んでいる。こうした現象も、その成立地域が中原と隣接し、中原文化を部分的に摂取できる位置にあったからだと考えられる。

とすれば、孔子の活動時期とほぼ同時期か、あるいは直伝・再伝の門人の活動時期に、南方の楚では、すでに各種の宇宙生成論が並立していたことになる。そして『論語』に見えるようなこの時期の儒家の思想水準と、『恆先』『太一生水』『老子』などの宇宙生成論の思想水準を比較すれば、思想が覆う領域の広狭や、形而上的思索の深さにおいて、後者は前者を遥かに凌駕していたとしなければならない。

戦国中期から後期にかけて活動した陰陽家の鄒衍は、「鄒子疾晩世之儒墨、不知天地之弘、昭曠之道、将一曲而欲道九折、守一隅而欲知萬方」(『塩鉄論』論鄒篇)と、人間社会内部にのみ思考範囲を限定する儒家や墨家の矮小さを批判し、「推而遠之、至天地未生、窈冥不可考而原也。稱引天地剖判以來、五德轉移、治各有宜、而符應若茲」(『史記』孟子荀卿列伝)と、五徳終始説と呼ばれる独自の宇宙生成論を提出したが[19]、確かに儒家や墨家の思想にはそうした弱点が存在する。

このように考えてくると、南方の楚が生み出した道家的宇宙生成論は、宇宙生成論や形而上的思索を提供して古代中国哲学の水準を飛躍的に引き上げた点において、後世の仏教伝来にも比肩する重大な貢献を行ったと評価できる。古代中国哲学の発展の歴史は、ともすれば漢族を主体とする中原文化の範囲内で記述される傾向が強い。だが『恆先』や『太一生水』の発見は、中原の人々から南方の蛮夷と侮蔑されていた人々が、古代中国哲学の発展に極めて重要な役割を果たした事実を我々に告げるものである。

中華文明がすでに古代から、漢族の文化と異民族の文化との壮大な鬩ぎ合いと融合によって、初めて多様性を獲得して豊かに発展し得たことに、改めて思いを致すべきであろう。

注

（1）上海古籍出版社・二〇〇四年四月。
（2）前後の句形から判断して、「愇生愇、悲生悲」と改めるべきであろう。
（3）釈文は「信」であるが、文意から「伸」に改めた。
（4）釈文は「唯」であるが、文意から「惟」に改めた。
（5）馬王堆漢墓出土の帛書易伝「二三子問」には、乾卦の上六の爻辞に関して、「夫文之交、采物畢存者、其唯龍乎」と記す。前後の文脈から判断すると、「采物」は美麗な彩色の意味と考えられる。そこで『恒先』の「采物」も、人工的な彩色を施した宮殿の類と理解すべきであろう。
（6）前後の文意から、「天」の下に「下」字を補った。

（7）釈文は「唯」であるが、文意から「惟」に改めた。

（8）「先」と「者」の間に墨釘があるが、ここは「先者」と「後者」を対比する文章と考えられ、なぜこの位置に墨釘が付されたのかは不明である。

（9）前後の句形から、ここに「舉」を補うべきである。

（10）史官の天道思想と道家思想の関係については、拙著『黄老道の成立と展開』（創文社・一九九二年）第一部・第十二章・第十三章参照。

（11）黄帝書が悪の発生原因をどのように説明しているかについては、拙著『黄老道の成立と展開』第一部・第四章・第五章参照。

（12）本稿では、『老子』の引用は基本的に河上公本を用いるが、伝世本との間に特に重大な違いが存在する箇所は、帛書『老子』を使用した。特に断っていない場合は、すべて河上公本『老子』である。

（13）この点の詳細については、拙稿「郭店楚簡「太一生水」と「老子」の道」（『中国研究集刊』第26号・二〇〇〇年六月）参照。

（14）郭店『老子』が抄本であることについては、拙稿「郭店楚簡「太一生水」と「老子」の道」参照。

（15）この測定結果については、『上博館蔵戦国楚竹書研究』（上海書店出版社・二〇〇二年三月）所収の「馬承源先生談上海簡」参照。

（16）この点の詳細については、拙著『黄老道の成立と展開』第一部・第十四章参照。

（17）上海古籍出版社・二〇〇五年二月。

（18）郭店楚簡『語叢』の中に、「凡物由亡生」（一）といった文章が見えることも、戦国中期以前に道家的宇宙生成論が存在したことを裏付けるものである。

（19）鄒衍については、拙著『黄老道の成立と展開』第三部・第三章参照。

第十章 『恆先』における気の思想

竹田健二

はじめに

上博楚簡に含まれていた古佚文献『恆先』は、従来知られていなかったユニークな宇宙生成論を説く道家系文献として注目されている。この宇宙生成論においては、気が重要な役割を果たしており、『恆先』は気の思想を説く文献としても、思想史的に重要な位置を占めると考えられる。

そこで本章では、戦国時代における気の思想的展開を解明する手がかりを得るべく、『恆先』における気の思想について検討する。更に郭店楚簡『老子』と『太一生水』に説かれている気についても検討を加え、戦国時代前期以前の所謂道家に分類される思想家たちがどのように「気」を説いていたのか、考察することにする。

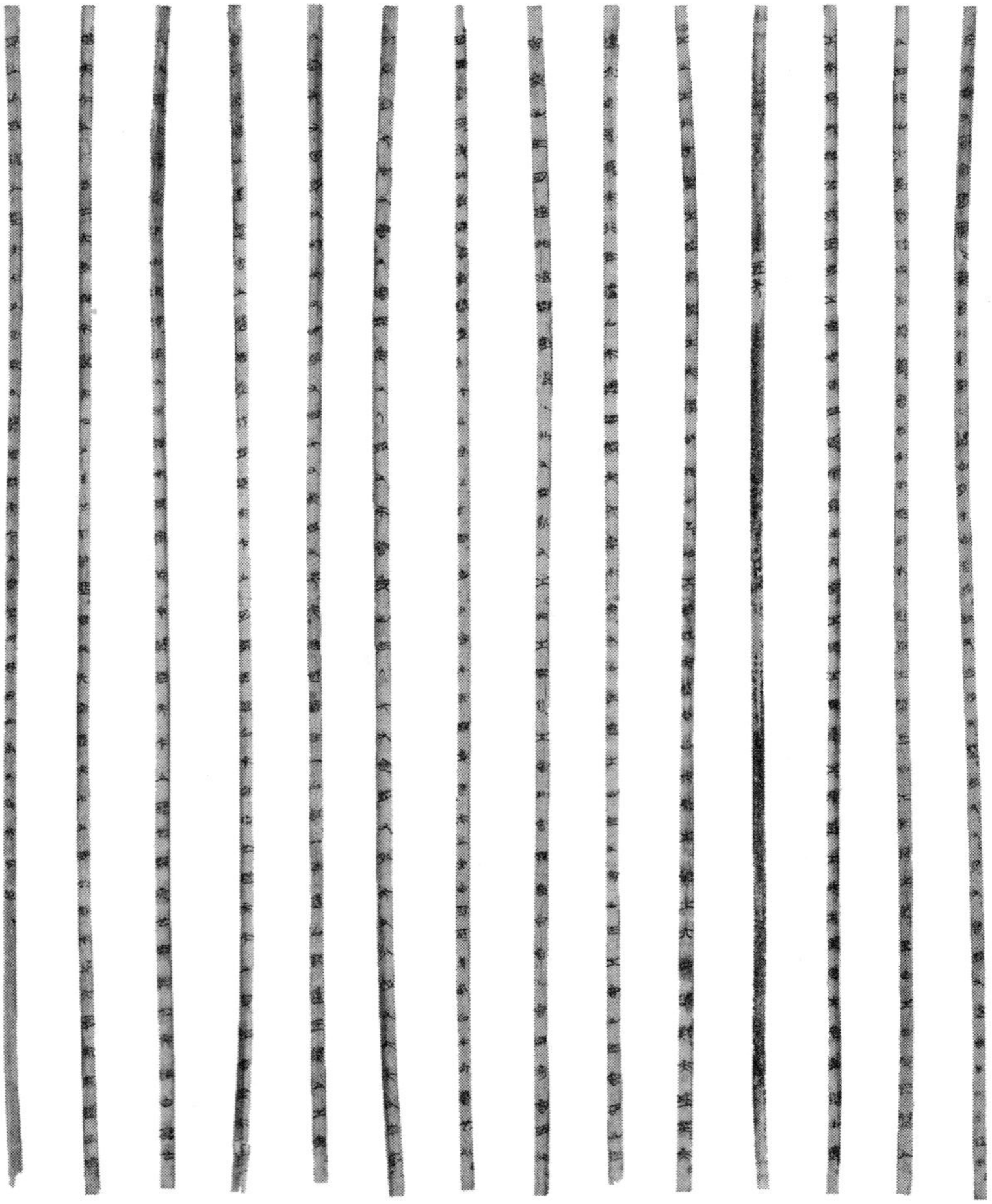

上博楚簡『恆先』の冒頭部。右から第一～第十三簡。但し、右から四本目は第三簡の裏面で、「恆先」の篇題が記されている。『上海博物館蔵戦国楚竹書（三）』より。

一　『恆先』における気の思想

先ず本節では、『恆先』が説く気の内容について検討する。『恆先』において気が説かれているのは、以下の三つの箇所である。[1]

(1)01恆先無、有質靜虛。質大質、靜大靜、虛大虛、自厭不自忍、或作。有或焉有氣。有氣焉有有。有有焉有始。有始焉有往者。未有天地、未有02作行、出生虛靜、爲一若寂、夢夢靜同、而未或明、未或滋生。氣是自生、恆莫生氣。氣是自生自作。恆氣之03生、不獨有與也。

恆の先は無なるも、質・静・虚有り。質は大質となり、静は大静となり、虚は大虚とならば、自ら厭《いと》いて自ら忍ばずして、或　作《おこ》る。或有れば焉《すなわ》ち気有り。気有れば焉ち有有り。有有れば焉ち始め有り。始め有れば焉ち往く者有り。未だ天地有らざれば、未だ行を作すこと有らず。出でて虚静より生ずれば、一為ること寂の若く、夢夢として静同にして、未だ或は明らかならず、未だ或は滋生せず。気は是れ自ら生じ、恆は気を生ずること莫し。気は是れ自ら生じて自ら作る。恆は気の生ずるや、独り与すること有らざるなり。

(2)04濁氣生地、清氣生天。氣伸神哉。云云相生。伸盈天地、同出而異性、因生其所欲。察察天地、紛紛而05復其所欲。明明天行、唯復以不廢。

濁気は地を生じ、清気は天を生ず。気の伸ぶるや神なるかな。云云として相い生ず。天地に伸盈し、同じきより出づるも性を異にし、因りて其の欲する所に生く。察察たる天地は、紛紛として其の欲する所を復《ふ》む。明明たる天行のみ、唯だ復むも以て廃されず。

(3)09亙氣之生、因10言名。先■者有疑荒言之。後者校比焉。

恆は気の生ずるや、言に因りて名づく。先んずる者は、疑荒有りて之を言うも、後るる者は校比す。

資料(1)は『恆先』の冒頭部である。ここでは、「恆」と「或」という二つの世界が設定されており、「恆」なる世界から「或」なる世界が生じて世界が転換し、宇宙が生成されていったとする、他の文献には見られないユニークな宇宙生成論が説かれている[2]。

この宇宙生成論によれば、宇宙の始原は、「無」であるところの「恆」であり、「恆先」とは、「恆という始原の段階の時期」を指すと考えられる。もっとも、「恆」は無であるとされているものの、実はその中に微少な「質・静・虚」が備わっている。そして、この三者はやがてそれぞれ増大し、「自ら厭《あ》く」とその悪感情を抱き、それを抑えることができなくなっていく。その結果、「或」なる世界が発生し、「恆」なる世界から「或」なる世界への転換が起こる。

この「或」なる世界への転換には、「気」の発生が伴う。そして「気」の発生には「有」、つまり存在するということの発生が伴い、また「有」の発生には「始」、つまり事物の始まりから終わりへの変化の発生が伴う。更に「始」の発生には「往者」、つまり事物が根源から遠ざかることの発生が伴う。すなわち、

「恆」の世界から「或」なる世界への転換が起きると、「気」「有」「始」「往者」が相次いで、おそらくほぼ同時に発生するのである。

こうして『恆先』においては、気の存在しない「恆」と、気の存在する「或」との二つの世界が対比されるのだが、注目されるのは、「気は是れ自ら生じ、恆は気を生ずること莫し。気は是れ自ら生じて自ら作る」、或いは「恆は気の生ずるや、独り与することと有らざるなり」と述べられていることから明らかなように、「恆」なる世界から「或」なる世界への転換において、気は自ら発生するのであり、「恆」が気を発生させるのではないという点である。つまり、「恆」から「或」への世界の転換は、「質・静・虚」の増大を契機としているという点で連続性を持つものの、「恆」が「或」を生ずる、或いは「恆」が気を生ずるといった、直接的な親子関係にはないのである。

以上のような『恆先』冒頭部の宇宙生成論において、「或」なる世界に存在し、「有」「始」「往者」とも密接に結合するとされている気は、基本的に万物すべてを構成するものであり、世界に存在するあらゆる事物・事象は気によって構成されると考えられている。このことは、資料⑵において、天・地がともに気によって構成されていると述べられていることから確認できる。

資料⑵では、気には清濁の区別があるとされ、「濁気は地を生じ、清気は天を生ず」と、天は清気によって、地は濁気によってそれぞれ生成されると説かれている。そして、天地が生成された後、神妙なる気はさまざまに運動して次々と万物を生成し、万物が「天地に伸盈」して世界全体が生成されるに至るとされている。すなわち、『恆先』において、気は天地だけでなく、万物すべてを構成するものなのである。

万物すべてが気によって構成されているとする思考を、ここでは気の思想と称することにする。この気の思想は、万物それぞれが他の個物と異なる面を持つことを認めつつ、同時に万物すべてに共通する面が存在することをも説明する、巧みな思考といえる。かかる気の思想を含んでいることにより、『恆先』は、万物それぞれは「性を異に」するものであり、また「其の欲する所に生く」、つまり万物はそれぞれ勝手に生きてゆくものではあるけれども、同時に万物は「同じきより出づる」ものとも位置付けられているのである。

資料(3)は、難解な箇所であるが、万物と名との関係について、「先んずる者」と「後るる者」との差異について述べている箇所と考えられる。すなわち、「恆」は気が生じた後、気によって構成される万物に対して命名を行うが、「先んずる者」、つまり「恆」の段階では未だはっきりとしていなかった名は、「後るる者」、つまり人間によって「校比」され、さまざまな区別が設けられて細分化された、ということであろう。

なお、資料(3)には「恆気之生」との句があるが、同じ句は資料(1)にも登場しており、これについて李零氏は「恆気」を「作爲終極的「氣」、最原始的「氣」」と、また龐樸氏は「這個本原之氣」としている。[3]しかし、先述の通り、『恆先』では、宇宙生成の過程において世界の根源である「恆先」と「気」との間に直接的な親子関係は無いとされているため、「恆気」を熟語として解釈するのは無理だと思われる。

以上、『恆先』において説かれている気の内容について検討してきた。その結果、『恆先』の気は、「或」

なる世界、つまり万物が様々な変化を繰り広げる世界において存在し、宇宙の始原である「恆」なる世界においては存在しないものであった。そしてこの気は、天・地を始めとするすべての万物を構成する、いわば物資的なものであり、そして気には、少なくとも清・濁の区別が設定されていた。

もっとも、清・濁の気の区別は、天地の生成に関して述べられているに過ぎない。他の事物や事象に関してもそうした清・濁の気の区別が影響するのか、或いは清・濁以外にも気に区別があるとされていたのかについては、明らかではない。しかしながら、戦国時代中期（前三四二～前二八二年）に書写されて楚の貴族の墓に副葬されたと推測される上博楚簡『恆先』において、こうした気の思想が確認できるということは、戦国時代前期（前四〇三～前三四三年）以前に、既に道家の中に気の思想を説く者が存在したことを示していると考えられる。

それでは、郭店楚簡、及び現時点で公開されている上博楚簡に含まれている他の道家系文献においては、どのように「気」が説かれているのであろうか。次節では、先ず郭店楚簡本『老子』の気について検討する。

二　郭店楚簡本『老子』における気の思想

郭店楚簡本『老子』の中で気が登場するのは、次に挙げる甲本の一箇所のみである。(4)

(4)33含德之厚者、比於赤子、螝蠆蟲蛇弗蓋、攫鳥猛獸弗扣、骨弱筋柔而捉34固。未知牝牡之合然怒、精之至也。終日號而不憂、和之至也、和曰常、知和曰明。35益生曰祥、心使氣曰強、物壯則老、是謂不道。■

この部分は、今本『老子』の第五十五章に相当する。該当する部分の馬王堆帛書『老子』甲本・乙本並びに王弼本は、以下の通りである。(5)

(5)・馬王堆帛書『老子』甲本

【含德】之厚【者】、比於赤子。蜂𧎥虺蛇弗螫、攫鳥猛獸弗搏。骨弱筋柔而握固。未知牝牡【之會】而朘【怒】、精【之】至也。終日號而不𢗐、和之至也。和曰常、知和曰明、益生曰祥、心使氣曰強、【物莊】即老、謂之不道、不【道早已】。

・馬王堆帛書『老子』乙本

含德之厚者、比於赤子。蜂蠆虺蛇弗螫、攫鳥猛獸弗搏。骨筋弱柔而握固。未知牝牡之會而朘怒、精之至也。終日號而不嚘、和【之至也。知和曰】常、知常曰明、益生【曰】祥、心使氣曰強、物【莊】則老、謂之不道、不道早已。

・王弼本

含德之厚、比於赤子。蜂蠆虺蛇不螫、猛獸不據、攫鳥不搏。骨弱筋柔而握固。未知牝牡之合而全作、精之至也。終日號而不嗄、和之至也。知和曰常、知常曰明、益生曰祥、心使氣曰強、物壯則老、謂之不道、不道早已。

第五十五章に相当する部分は、各テキスト間に若干の字句の異同が存在する。しかしながら、「気」について述べられている「心　気を使うを強と曰う」の部分は、テキストによる字句の異同はまったく存在していない。

「心　気を使う」とは、人間が殊更に身体を強く盛んにしようと、その身体を構成する気に対して、意識的に不自然な働きかけを行うことを意味し、ここでの「気」は、人間の身体内部に存在し、人間の身体を構成する物質的なものであると考えられる。すなわち、常識的には、人間が意識的に「気を使う」ことによって人間の身体を強くすることができると思われているが、強く盛んになったものは必ず衰え、無理に強くした人間の身体は却って弱まる。意識的な気への働きかけがそもそも「不道」、つまり「道」から逸脱した行為に他ならない。ここではこうした主張がなされていると考えられる。

この部分からは、人間の身体が気によって構成されているとの思考を窺うことができる。もっとも、用例自体が少ないため、郭店楚簡本『老子』が人間の身体以外のものも気によって構成されていたとする立場に立っていたかどうかははっきりとはしない。しかしながら、基本的に郭店楚簡本『老子』は、万物は気によって構成されるとする、気の思想に立脚していたと考えられる。

その傍証となるのが、郭店楚簡本『老子』には存在していないものの、今本の『老子』に存在する、次の二箇所の気の用例である。郭店楚簡本『老子』については、今のところ、抄出本であるとする説と、形成途上のテキストであるとする説とがある。しかし、浅野裕一氏が指摘するように、郭店楚簡本『老子』を形成途上のテキストと見るのは無理があり、郭店楚簡本『老子』が書写された時点で、馬王堆本とほぼ同じような『老子』のテキストが成立しており、郭店本『老子』はそこから何らかの目的で抄出されたものであるとみなすべきと考えられる。(6) 従って、次に挙げる今本『老子』にのみ見える「気」についても、郭店楚簡本『老子』が抄出される母体となった、今本『老子』とほぼ同じ戦国中期の完本『老子』に既に存在した可能性が極めて高いと推測される。

(6)・馬王堆帛書『老子』甲本

【戴營魄拘一、能毋離乎。槫氣至柔】、能嬰兒乎。滌除玄鑒、能毋疵乎。愛【民活國、能毋以知乎。天門啓闔、能爲雌乎。明白四達、能毋以爲乎】。生之、畜之。生而弗【有、長而弗宰、是謂玄】德。

・馬王堆帛書『老子』乙本

戴營魄抱一、能毋離乎。摶氣至柔、能嬰兒乎。滌除玄鑒、能毋有疵乎。愛民活國、能毋以知乎。天門啓闔、能爲雌乎。明白四達、能毋以知乎。生之、畜之。生而弗有、長而弗宰也、是謂玄德。

・王弼本

載營魄抱一、能無離乎。專氣致柔、能嬰兒乎。滌除玄覽、能無疵乎。愛民治國、能無知乎。天門開闔、能無雌乎。明白四達、能無爲乎。生之、畜之、生而不有、爲而不恃、長而不宰、是謂玄德。

(7)・馬王堆帛書『老子』甲本

【道生一、一生二、二生三、三生萬物。萬物負陰而抱陽】、中氣以爲和。天下之所惡、唯孤寡不穀、而王公以自名也。物或損之【而益、益】之而損。故人【之所】教、亦議而教人。故强梁者不得死、我【將】以爲學父。

・馬王堆帛書『老子』乙本

道生一、一生二、二生三、三生【萬物。萬物負陰而抱陽、中氣】以爲和。人之所惡、唯孤寡不穀、而王公以自【稱也。物或益之而】損、損之而益。【人之所教、亦議而教人。强梁者不得其死】、吾將以【爲學】父。

・王弼本

道生一、一生二、二生三、三生萬物。萬物負陰而抱陽、沖氣以爲和。人之所惡、唯孤寡不穀、而王公以爲稱。故物或損之而益、或益之而損。人之所教、我亦教之。强梁者不得其死、吾將以爲教父。

資料(6)は第十章である。ここでは、嬰児の如く「気を専らにし柔を致す」こと、つまりその身体を構成している気の作用を専一にして、柔弱となることが理想的であるとされており、この気は、資料(4)・(5)の第五十五章の気と同一の、人間の身体内部に存在し、身体を構成する物質的なものである。

特に重要なのは、資料(7)の『老子』第四十二章である。ここでは、「道」が「一」を、「一」が「二」を、「二」が「三」を、「三」が「万物」をそれぞれ生んでいき、「道」から世界が生成されていったとする、『老子』の宇宙生成論が説かれている。道を本体とするこの『老子』の流出論的宇宙生成論において、「一」

「二」「三」がそれぞれ直接的に何を指すのかについては、従来様々な見解があるが、結局の所不明である。しかし、この部分には、「道」から「万物」が生成された結果、万物の内部に「陰」と「陽」、すなわちおそらくは陰気と陽気と、そして「沖気」なる気が存在し、そうした気が個物を構成しているとの思考が明らかに存在している。すなわち、今本『老子』においては、万物すべてが気によって構成されているとする気の思想が存在しているのである。

従って、郭店楚簡本『老子』が抄出されるもととなった、今本『老子』とほぼ同じと考えられる戦国中期の完本『老子』においても、万物すべてが気によって構成されているとする気の思想が存在したと推測され、郭店楚簡本『老子』は、基本的に気の思想に立脚するものであったと考えられるのである。

以上、郭店楚簡本『老子』において説かれている「気」について検討した。この結果、郭店楚簡本『老子』の中にも、気の思想が存在すると考えられた。次章では、郭店楚簡に含まれていた古佚文献『太一生水』における気について検討する。

三　郭店楚簡『太一生水』における気の思想

道家系と見られる古佚文献『太一生水』は、その前半部において、「太一」を世界の根源とする宇宙生成論が説かれている点が特に注目されている。(7)

(8)01太一生水。水反輔太一、是以成天。天反輔太一、是以成地。天地〔復相輔〕02也、是以成神明。神明復相輔也、是以成陰陽。陰陽復相輔也、是以成四時。四時03復【相】輔也、是以成滄熱。滄熱復相輔也、是以成溼燥。溼燥復相輔也、成歲04而止。

太一　水を生ず。水　反《かえ》りて太一を輔《たす》け、是を以て天を成す。天　反りて太一を輔け、是を以て地を成す。天地〔復《かえ》りて相《あい》輔け〕、是を以て神明を成す。神明　復りて相輔け、是を以て陰陽を成す。陰陽　復りて相輔け、是を以て四時を成す。四時　復りて【相】輔け、是を以て滄熱を成す。滄熱　復りて相輔け、是を以て湿燥を成す。湿燥　復りて相輔け、歳を成して止む。

(9)06是故太一藏於水、行於時ー。周而或〔成、以生為〕07萬物母ー。一缺一盈、以紀為萬物經ー。此天之所不能殺ー、地之所08不能釐、陰陽之所不能成。君子知此、之謂……

是の故に太一は水に藏《ひそ》み、時に行《めぐ》り、周くして〔成〕すこと或《あ》り、〔生ずるを以て〕、万物の母と〔為〕る。一《あ》るときは缺き、一《あ》るときは盈たし、紀《す》ぶるを以て万物の経と為る。此れ天の殺《そ》ぐ能わざる所、地の釐《ふや》す能わざる所、陰陽の成す能わざる所なり。君子は此を知りて、之を……と謂う

『太一生水』において説かれている宇宙生成論は、以下のような内容である。先ず太一が水を生じ、次いで、水は「太一を輔《たす》け」て天を生成する。天は、やはり「太一を輔け」て地を生成する。続いて、天と地とから神と明とが、神と明とから陰と陽とが、陰と陽とから四時が、四時から滄《そう》（つめたいこと）と熱とが、滄と熱とから湿と燥とが、湿と燥とから歳《さい》（年間を通してのあらゆる事象）が、順次生成されて行

き、そうして世界が完成する。この時、太一は水の中に潜みかくれて、時空の隅々にまで行き渡り、万物生成のプロセス全体に関与する。太一は、天地や陰陽による関与を受けることのない、「万物の母」或いは「万物の経《つね》」たる絶対的な存在なのである。

太一を世界の根源とし、また水を重視する『太一生水』のこうした宇宙生成論は、郭店楚簡が出土するまで、古代中国において存在したこと自体が全く知られていなかった。もっとも、この『太一生水』前半部で説かれている宇宙生成論において、直接的には気は説かれていない。「陰陽」は登場するが、この「陰陽」が気であるのかどうかは、直接的には述べられておらず、不明である。

『太一生水』において唯一「気」が登場しているのは、『太一生水』後半部の次の箇所においてである。

⑽10下、土也、而謂之地。上、氣也、而謂之天ー。道亦其字也。

下は、土なり、而して之を地と謂う。上は、気なり、而して之を天と謂う。道は亦た其の字《あざな》なり。

ここでは、「下」、つまり「地」が「土」によってできているものであることが述べられた上で、「上は、気なり」と、「上」、つまり「天」が気によってできているとされている。ここでの気は、明らかに天を構成するものであり、『太一生水』においても、気が個物を構成するとの思考が存在しているのである。

但し、『恆先』や今本『老子』においては、気は万物すべてを構成するものであった。特に『恆先』において、天は「清気」により、また地は「濁気」によって構成されるとされていた。これに対して『太一生水』では、気で構成されているのは天のみであり、地は気ではなく「土」によって構成されていると位置付けられている。地を構成するとされる「土」が気の一種と考えられていた可能性も一概には否定できないものの、『太一生水』において、万物すべてが気で構成されているとする気の思想が存在するといえるかどうかは、問題が残るとしなければなるまい(8)。

そもそも、『太一生水』はその前半部において、前述したような「太一」を宇宙の根源とする宇宙生成論が説かれているが、後半部では「太一」はまったく登場しない。また、後半部では、前半部においてまったく登場していなかった「道」や「天道」が登場する。こうしたことから、『太一生水』が文献全体として果たしてどの程度まとまったものであるのかについても問題がある。『太一生水』前半部にある資料(8)の「太一　水を生ず。水　反《かえ》りて太一を輔《たす》け、是を以て天を成す」と、後半部にある資料(10)「上は、気なり、而して之を天と謂う」とを敢えて整合的に解釈しようとするならば、資料(8)で「水」が「反《かえ》りて太一を輔《たす》け、是を以て天を成す」ということは、「水」が「天」を成す際にその姿を「気」に変え、そうしてその「気」が天を構成する、ということになろうかと思われる。しかし、こうした解釈も一応は可能ではあるが、定かではない。

こうしたことから、ここでは『太一生水』において、天だけを気によって構成されたものとする、部分的な形での気の思想が存在するとの指摘に止めておく。

四　三文献の気の思想と宇宙生成論

以上、上博楚簡『恆先』及び郭店楚簡『老子』・『太一生水』において、「気」がどのように説かれているのかについて検討してきた。その結果、『恆先』においては明らかに万物すべてが気によって構成されているとする思考、すなわち気の思想が存在した。そして郭店楚簡本『老子』においては、人間の身体が気によって構成されるとの思考が確認でき、また、郭店楚簡本『老子』が抄出されるもととなった、今本『老子』とほぼ同じと考えられる完本『老子』において、やはり万物すべてが気によって構成されているとする気の思想が存在したと推測された。加えて『太一生水』には、天が気によって構成されているとの思考が存在し、部分的な形で気の思想が存在した。

これら三つの文献はいずれも、戦国中期に書写されたものと考えられており、従ってその原本は、戦国時代前期以前には既に成立していた可能性が高い。このため、戦国時代前期以前に、天や人を含む万物が「気」によって構成されているとする気の思想が存在し、所謂道家に分類される思想家たちがそれぞれ気の思想を説いていたことは確実と見られる。

もっとも、『恆先』においては清気が天を、濁気が地を構成するとしていたのに対し、『太一生水』では天が気、地が土によって構成されていると説いていた。このことからも明らかなように、三つの文献において、気の思想が均一な形で説かれている訳ではない。それぞれの文献における気の説き方には違いが見られるのである。

特に顕著な相違は、宇宙生成論と気との関連の仕方について認められる。『恆先』においては、宇宙が生成する過程において気の有無の問題は極めて重大な意味を持つ。すなわち、気のない「恆」なる世界から「或」なる世界への転換が起こると、気が自ずから生じ、以後気は世界のあらゆる事象を構成するとされていた。

これに対して、郭店楚簡本『老子』においては、出土した部分には宇宙生成論と関わる気は説かれていないものの、郭店楚簡本『老子』が抄出される母体となった完本『老子』において、「道」が「一」を、「一」が「二」を、「二」が「三」を、「三」が気でできた「万物」を生むといった形で、宇宙生成論と気とが結びつけられつつ説かれていたと推測される。しかし、『老子』の宇宙生成論における気の果たす役割については、『恆先』の気ほど明確ではなく、かなり曖昧である。

また『太一生水』は、その前半部において、「太一」が最初に「水」を生成し、続いて天・地、神・明、陰・陽、四時、滄・熱、湿・燥、歳が順次生成されるとの、独特の宇宙生成論が説かれているが、ここでは直接的には「気」が登場していない。

このように、三つの文献においては、それぞれ異なる宇宙生成論が説かれており、その宇宙生成論と「気」との関連の仕方は、それぞれ異なっている。おそらくこうした現象は、それぞれ独自の宇宙生成論を主張・展開した三つの文献の作者が、各文献が成立した時点で既に存在していた気の思想を、いわば共通の前提として受容しつつ、それぞれの主張に適合する形にアレンジしたことを示していると推測される。

すなわち、気の思想は、そもそも周王室に属する史官らが、上天・上帝の意思を窺い、天子を諫めるための理論として成立したものと考えられる。(9) 気の思想は本来、世界の始原が何であり、そこからどのようにして世界ができたのかを説明しようとする宇宙生成論とは、直接的には関係がない。現実に存在する事物や事象と天子がなすべき行為とを結びつけて説明せんとするものであったのである。

しかし、現実に存在するあらゆる事物や事象の成立を巧みに説明する気の思想は、宇宙生成論に容易に組み込むことが可能であった。『老子』『恆先』『太一生水』などの作者、所謂道家の思想家たちはこうして気の思想を受容し、それぞれの宇宙生成論に組み込んでいったと考えられる。

もちろん、『恆先』『老子』『太一生水』の作者が主張する宇宙生成論は異なるパターンのものであり、受容した気の思想の組み込み方は異ならざるを得なかった。『恆先』と『老子』の作者は気の思想を基本的にほぼ全面的に受容しつつ、それぞれ「恆」「道」を始原とする宇宙生成論を唱えた。これに対して、水を重視する宇宙生成論を唱えた『太一生水』は、水の働きと気の働きとの調整が困難であったために、部分的な形で気の思想を受容するに止まらざるを得なかったのであろう。三つの文献において、宇宙生成論と気との関連性に相違が見られるのは、こうした事情を反映していると考えられる。

おわりに

『荘子』においては、「天気」「地気」「六気」「雲気」「春気」「陰陽」の気といった、天地の間に存在・

運動し、様々な事象を生み出す気や、或いは「志気」、「血気」、或いは気息の気といった、人間の身体内部に存在し、疾病や精神的作用などのさまざまな身体に関する現象を生み出す気が数多く説かれている。例えば外篇の知北遊篇においては、「人の生や、気の聚まるなり。聚まれば則ち生と為り、散ずれば則ち死と為る」と、個物の死生が気の集散で説明されている。

また、『列子』においても、『荘子』同様、人間の身体だけでなく世界全体の様々な事象を気で説明しようとする思考が窺える。特に注目されるのは、天瑞篇において、気概念の登場する宇宙生成論が説かれている点である。

(11)子列子曰、「昔者聖人因陰陽以統天地。夫有形者生於無形、則天地安從生。故曰、有太易、有太初、有太始、有太素。太易者、未見氣也。太初者、氣之始也。太始者、形之始也。太素者、質之始也。氣、形、質具而未相離、故曰渾淪。渾淪者、言萬物相渾淪而未相離也。視之不見、聽之不聞、循之不得、故曰易也。易無形埒、易變而爲一、一變而爲七、七變而爲九、九變者、究也。乃復變而爲一。一者、形變之始也。清輕者上爲天、濁重者下爲地、沖和氣者爲人。故天地含精、萬物化生。」

ここでは、宇宙が生成される過程が、「未だ気を見ざる」段階と、「気の始め」なる段階とに区別されており、つまり気の有無によって明確に区分が設けられている。しかも、「清軽」なる気が天を、「濁重」なる気が地を構成するとの思考が窺える。こうした点は、『恆先』における宇宙生成論と極めてよく類似している。

以上のような『荘子』や『列子』に見られる気に関する思考が、果たして何時頃成立したかという問題については、文献の成立の事情に関して慎重に検討を加えた上で考察する必要があるが、従来は概ね、戦国時代中期以降、或いは更に遅れて成立したものと見られてきた(10)。

しかし、郭店楚簡並びに上博楚簡が出土したことにより、戦国時代前期以前に既に万物は気によって構成されているとする思考が確実に存在したこと、そして様々なパターンの宇宙生成論が気の思想と結び付けられて説かれていたことなどが明らかになった。従って、『荘子』や『列子』の気に関する思考が、戦国時代後期や、或いはそれ以後でなければ成立することができなかったものとは、もはや考え難いと思われる。こうした伝世の文献を含めた、道家における気の思想の展開の全容の解明については、今後の課題としたい。

注

（1）『恆先』の思想内容については、二〇〇四年六月四～六日、大阪大学で開催された戦国楚簡研究会の例会（大阪大学）における浅野裕一氏の発表「上博楚簡『恆先』の道家的特色」、及び同年八月二十二～二十四日、北京・清華大学において開催された「多元視野中的中国歴史―第二届中国史学国際会議」における浅野氏の発表論文「上博楚簡〈恆先〉的道家特色」から多大な教示を得た。また、『恆先』の引用は、基本的に馬承源主編『上海博物館蔵戦国楚竹書（三）』（上海古籍出版社、二〇〇三年）の李零氏の釈文に基づくが、浅野氏の見解、並びに私見によって一部字句を改めた箇所がある。但し、煩雑を避けるため逐一の注記を省き、できる限り通行の字体に改めた。

(2)『恆先』の宇宙生成論については、注(1)前掲の浅野氏発表及び発表論文、並びに前章参照。

(3) 李零氏の見解は、注(1)前掲の釈文による。また龐樸氏の見解は、「《恆先》試讀」(簡帛研究HP、二〇〇四年四月二十六日)による。

(4) 以下、郭店楚簡本『老子』の引用は、基本的に『郭店楚墓竹簡』(荊州市博物館、文物出版社、一九九七年)による。

(5) 以下、馬王堆本『老子』の引用は、基本的に『馬王堆漢墓帛書〔壱〕』(文物出版社、一九八〇年)に、王弼本『老子』の引用は、『諸子集成』本による。

(6) 戦国楚簡研究会「戦国楚簡研究の現在」(『中国研究集刊』第33号、二〇〇三年)、及び福田一也「帛書系『老子』の成立事情―荘子後学との関係を中心に」(『中国研究集刊』第35号、二〇〇四年)参照。

(7) 以下、「太一生水」の引用は、注(4)前掲の『郭店楚墓竹簡』による。

(8)『国語』周語には、天地自然の間の気の秩序を水と土とで説明する思考が窺える。拙稿「『国語』周語における気」(『国研究集刊』第8号、一九八九年)、「気の思想の成立―『国語』における気を中心に―」(『新潟大学教育学部紀要(人文・社会科学編)』第32巻第2、一九九一年)参照。

(9) 注(8)前掲の拙稿「『国語』周語における気」、「気の思想の成立―『国語』における気を中心に―」、及び「兵家の気の思想について―「孫氏の道」を中心に―」(『集刊東洋学』第72号、一九九四年)、「墨家による気の思想の受容」(『中国研究集刊』第29号、二〇〇一年)参照。

(10) 周知の通り、『列子』については、魏晋の頃に偽作されたものであるとする説が、古くからしばしば唱えられている。

上博楚簡形制一覧表

福田哲之

本表は、馬承源主編『上海博物館蔵戦国楚竹書（一）』（上海古籍出版社、二〇〇一年一一月）、『同（二）』（二〇〇二年一二月）、『同（三）』（二〇〇三年一二月）に基づき、公表分全一四文献について、その形制をまとめたものである。

No.	分冊	名称	枚数	簡長(cm)	編綫	簡端	完簡	残簡	字数	篇題	備考
1	一	孔子詩論	二九	五五・五	三道	円端	一	二八	一〇〇六		『子羔』『魯邦大旱』同筆。第二-七留白簡
2	一	紂衣	二四	約五四・三	三道	梯形	八	一六	九七八		
3	一	性情論	四五	約五七	三道	平斉	七	三八	一二五六		
4	一	民之父母	一四	四五・八	三道	平斉	一	一三	三九七		
5	二	子羔	一四		三道	円端	〇	一四	三九五	「子羔」第五簡背面	『孔子詩論』『魯邦大旱』同筆
6	二	魯邦大旱	六	五四・九／五五・四	三道	円端	二	四	二〇八		『孔子詩論』『子羔』同筆
7	二	従政(甲篇)	一八	約四二・六	三道	平斉	九	九	五一九		『従政(乙篇)』同筆
8	二	従政(乙篇)	六	四二・六	三道	平斉	一	五	一四〇		『従政(甲篇)』同筆
9	二	昔者君老	四	四四・二	三道	平斉	三	一	一五八		
10	二	容成氏	五三	約四四・五	三道	平斉	三七	一六	二〇六二	「訟城氏」第五三簡背面	
11	三	周易	五八	四四	三道	平斉	四四	一四	一八〇六		符号(六種)
12	三	中弓	二八	約四七	三道	平斉	三	二五	五二〇	「中弓」第一六簡背面	附簡一簡(二四字)
13	三	亙先	一三	約三九・四	三道	平斉	一三	〇	四九六	「亙先」第三簡背面	
14	三	彭祖	八	約五三	三道	平斉	三	五	二九一		

初出誌一覧

第一章　浅野裕一「上博楚簡『容成氏』における禅譲と放伐」(『中国研究集刊』三六号、二〇〇四年)
中国語版「上博楚簡《容成氏》中的禪讓與放伐」(『清華學報』新三三巻第二期・二〇〇四年・台湾)

第二章　竹田健二「戦国楚簡『容成氏』における身体障害者」(『福祉文化』三号、二〇〇四年)

第三章　湯浅邦弘「上博楚簡『従政』の竹簡連接と分節について」(『中国研究集刊』三六号、二〇〇四年)

第四章　湯浅邦弘「上博楚簡『従政』と儒家の「従政」」(『中国研究集刊』三六号、二〇〇四年)

第五章　福田哲之「上海博物館蔵戦国楚竹書『子羔』の再検討」(『中国研究集刊』三三号、二〇〇三年)

第六章　福田哲之「上博楚簡『中弓』における説話の変容」(『中国研究集刊』三六号、二〇〇四年)

第七章　浅野裕一「上博楚簡『魯邦大旱』における「名」」（『国語教育論叢』一四号、二〇〇五年）
中国語版「〈魯邦大旱〉的「名」」（『戰國楚簡研究』萬卷樓・二〇〇四年・台湾）

第八章　浅野裕一「上博楚簡『魯邦大旱』における刑徳論」（『中国研究集刊』三六号、二〇〇四年）
中国語版「上博楚簡《魯邦大旱》的刑徳」（『清华学报』社科版二〇〇五年三期・北京）

第九章　浅野裕一「上博楚簡『恆先』の道家的特色」（『早稲田大学長江流域文化研究所年報』第三号、二〇〇五年）
中国語版「上博楚簡《恆先》的道家特色」（『清华学报』社科版二〇〇五年三期・北京）

第十章　竹田健二「上博楚簡『恆先』における気の思想」（『中国研究集刊』三六号、二〇〇四年）

著者紹介

浅野裕一（あさのゆういち）

1946年生まれ。東北大学大学院環境科学研究科教授。中国哲学専攻。『黄老道の成立と展開』（創文社、1992）、『孔子神話』（岩波書店、1997）、『古代中国の言語哲学』（岩波書店、2003）、『諸子百家〈再発見〉－掘り起こされる古代中国思想－』（湯浅邦弘氏と共編、岩波書店、2004）、『戦国楚簡研究』（萬巻樓、2004）ほか。

湯浅邦弘（ゆあさくにひろ）

1957年生まれ。大阪大学大学院文学研究科教授。中国哲学専攻。『よみがえる中国の兵法』（大修館書店、2003）、『中国古代軍事思想史の研究』（研文出版、1999）、『懐徳堂事典』（大阪大学出版会、2001）ほか。

福田哲之（ふくだてつゆき）

1959年生まれ。島根大学教育学部教授。中国文字学・書法史専攻。『文字の発見が歴史をゆるがす－20世紀中国出土文字資料の証言－』（二玄社、2003）、『説文以前小学書の研究』（創文社、2004）、「諸子百家の時代の文字と書物」（『諸子百家〈再発見〉』岩波書店、2004）ほか。

竹田健二（たけだけんじ）

1962年生まれ。島根大学教育学部助教授。中国哲学専攻。「人間の本性は善か悪か」（『諸子百家〈再発見〉』岩波書店、2004）、「郭店楚簡『性自命出』と上海博物館蔵『性情論』との関係」（『日本中国学会報』55集、2003）、「墨家による気の思想の受容」（『中国研究集刊』29号、2001）ほか。

汲古選書42

竹簡が語る古代中国思想
――上博楚簡研究――

二〇〇五年四月二十日　発行

編　者　浅野裕一
発行者　石坂叡志
印刷所　富士リプロ

発行所　汲古書院
〒102-0072　東京都千代田区飯田橋二―五―四
電　話〇三（三二六五）九七六四
FAX〇三（三二二二）一八四五

©二〇〇五

ISBN4－7629－5042－4　C3322
Yuuichi Asano　©2005
KYUKO－SHOIN, Co, Ltd. Tokyo

汲古選書

既刊42巻

1 一言語学者の随想

服部四郎著

わが国言語学界の大御所、文化勲章受賞・東京大学名誉教授故服部先生の長年にわたる珠玉の随筆75篇を収録。透徹した知性と鋭い洞察によって、言葉の持つ意味と役割を綴る。

▼494頁／定価5097円

2 ことばと文学

田中謙二著

京都大学名誉教授田中先生の随筆集。

「ここには、わたくしの中国語乃至中国学に関する論考・雑文の類をあつめた。わたくしは〈ことば〉がむしょうに好きである。生き物さながらにうごめき、またピチピチと跳ねっ返り、そして話しかけて来る。それがたまらない。」（序文より）

▼320頁／定価3262円　好評再版

3 魯迅研究の現在

同編集委員会編

魯迅研究の第一人者、丸山昇先生の東京大学ご定年を記念する論文集を二分冊で刊行。執筆者＝北岡正子・丸尾常喜・尾崎文昭・代田智明・杉本雅子・宇野木洋・藤井省三・長堀祐造・芦田肇・白水紀子・近藤竜哉

▼326頁／定価3059円

4 魯迅と同時代人

同編集委員会編

執筆者＝伊藤徳也・佐藤普美子・小島久代・平石淑子・坂井洋史・櫻庭ゆみ子・江上幸子・佐治俊彦・下出鉄男・宮尾正樹

▼260頁／定価2548円

5・6 江馬細香詩集「湘夢遺稿」

入谷仙介監修・門玲子訳注　幕末美濃大垣藩医の娘細香の詩集。頼山陽に師事し、生涯独身を貫き、詩作に励んだ。日本の三大女流詩人の一人。

▼⑤定価2548円／⑥定価3598円　好評再版

7 詩の芸術性とはなにか

袁行霈著・佐竹保子訳　北京大学袁教授の名著「中国古典詩歌芸術研究」の前半部分の訳。体系的な中国詩歌入門書。

▼250頁／定価2548円

8 明清文学論

船津富彦著

一連の詩話群に代表される文学批評の流れは、文人各々の思想・主張の直接の言論場として重要な意味を持つ。全体の概論に加えて李卓吾・王夫之・王漁洋・袁枚・蒲松齢等の詩話論・小説論について各論する。

▼320頁／定価3364円

9 中国近代政治思想史概説

大谷敏夫著　阿片戦争から五四運動まで、中国近代史について、最近の国際情勢と最新の研究成果をもとに概説した近代史入門。1阿片戦争2第二次阿片戦争と太平天国運動　3洋務運動等六章よりなる。付年表・索引　▼324頁／定価3262円

10 中国語文論集　語学・元雑劇篇

太田辰夫著

中国語学界の第一人者である著者の長年にわたる研究成果を全二巻にまとめた。語学篇＝近代白話文学の訓詁学的研究法等、元雑劇篇＝元刊本「看銭奴」考等。

▼450頁／鄭阿5097円

11　**中国語文論集　文学篇**　太田辰夫著

本巻には文学に関する論考を収める。「紅楼夢」新探／「鏡花縁」考／「児女英雄伝」の作者と史実等。付固有名詞・語彙索引

▼350頁／定価3568円

12　**中国文人論**　村上哲見著

唐宋時代の韻文文学を中心に考究を重ねてきた著者が、詩・詞という高度に洗練された文学様式を育て上げ、支えてきた中国知識人の、人間類型としての特色を様々な角度から分析、解明。

▼270頁／定価3059円

13　**真実と虚構―六朝文学**　小尾郊一著

六朝文学における「真実を追求する精神」とはいかなるものであったか。著者積年の研究のなかから、特にこの解明に迫る論考を集めた。

▼350頁／定価3873円

14　**朱子語類外任篇訳注**　田中謙二著

朱子の地方赴任経験をまとめた語録。当時の施政の参考資料としても貴重な記録である。「朱子語類」の当時の口語を正確かつ平易な訳文にし、綿密な註解を加えた。

▼220頁／定価2345円

15　**児戯生涯　一読書人の七十年**　伊藤漱平著

元東京大学教授・前二松学舎大学長、また「紅楼夢」研究家としても有名な著者が、五十年近い教師生活のなかで書き綴った読書人の断面を随所にのぞかせながら、他方学問の厳しさを教える滋味あふれる随筆集。

▼380頁／定価4077円

16　**中国古代史の視点　私の中国史学(1)**

堀　敏一著　中国古代史研究の第一線で活躍されてきた著者が研究の現状と今後の課題について全二冊に分かりやすくまとめた。本書は、1時代区分論　2唐から宋への移行　3中国古代の土地政策と身分制支配　4中国古代の家族と村落の四部構成。

▼380頁／定価4077円

17　**律令制と東アジア世界　私の中国史学(2)**

堀　敏一著　本書は、1律令制の展開　2東アジア世界と辺境　3文化史四題の三部よりなる。中国で発達した律令制は日本を含む東アジア周辺国に大きな影響を及ぼした。東アジア世界史を一体のものとして考究する視点を提唱する著者年来の主張が展開されている。

▼360頁／定価3873円

18　**陶淵明の精神生活**　長谷川滋成著

詩に表れた陶淵明の日々の暮らしを10項目に分けて検討し、淵明の実像に迫る。内容＝貧窮・子供・分身・孤独・読書・風景・九日・日暮・人寿・飲酒　日常的な身の回りに詩題を求め、田園詩人として今日のために生きる姿を歌いあげ、遙かな時を越えて読むものを共感させる。

▼300頁／定価3364円

19　**岸田吟香―資料から見たその一生**

杉浦　正著　幕末から明治にかけて活躍した日本近代の先駆者―ドクトル・ヘボンの和英辞書編纂に協力、わが国最初の新聞を発行、目薬の製造販売を生業としつつ各種の事業の先鞭をつけ、清国に渡り国際交流に大きな足跡を残すなど、謎に満ちた波乱の生涯を資料に基づいて克明にする。

▼440頁／定価5040円

20 グリーンティーとブラックティー
中英貿易史上の中国茶
矢沢利彦著　本書は一八世紀から一九世紀後半にかけて中英貿易で取引された中国茶の物語である。当時の文献を駆使して、産地・樹種・製造法・茶の種類や運搬経路まで知られざる英国茶史の原点をあますところなく分かりやすく説明する。
▼260頁／定価3360円

21 中国茶文化と日本
布目潮渢著
近年西安西郊の法門寺地下宮殿より唐代末期の大量の美術品・茶器が出土した。文献では知られていたが唐代の皇帝が茶を愛玩していたことが証明された。長い伝統をもつ茶文化—茶器について解説し、日本への伝来と影響についても豊富な図版をもって説明する。カラー口絵4葉付
▼300頁／定価3990円

22 中国史書論攷
澤谷昭次著
先年急逝された元山口大学教授澤谷先生の遺稿約三〇篇を刊行。東大東洋文化研究所に勤務していた時「同研究所漢籍分類目録」編纂に従事した関係から漢籍書誌学に独自の境地を拓いた。また司馬遷「史記」の研究や現代中国の分析にも一家言を持つ。
▼520頁／定価6090円

23 中国史から世界史へ　谷川道雄論
奥崎裕司著　戦後日本の中国史論争は不充分なままに終息した。それは何故か。谷川氏への共感をもとに新たな世界史像を目ざす。
▼210頁／定価2625円

24 華僑・華人史研究の現在
飯島　渉編　「現状」「視座」「展望」について15人の専家が執筆する。従来の研究を整理し、今後の研究課題を展望することにより、日本の「華僑学」の構築を企図した。
▼350頁／定価2100円

25 近代中国の人物群像
——パーソナリティー研究——
波多野善大著　激動の中国近現代史を著者独自の歴代人物の実態に迫る研究方法で重要人物の内側から分析する。
▼536頁／定価6090円

26 古代中国と皇帝祭祀
金子修一著
中国歴代皇帝の祭礼を整理・分析することにより、皇帝支配による国家制度の実態に迫る。
▼340頁／定価3990円　好評再版

27 中国歴史小説研究
小松　謙著
元代以降高度な発達を遂げた小説そのものを分析しつつ、それを取り巻く環境の変化をたどり、形成過程を解明し、白話文学の体系を描き出す。
▼300頁／定価3465円

28 中国のユートピアと「均の理念」
山田勝芳著　中国学全般にわたってその特質を明らかにするキーワード、「均の理念」「太平」「ユートピア」に関わる諸問題を通時的に叙述。
▼260頁／定価3150円

29 陸賈『新語』の研究　福井重雅著

秦末漢初の学者、陸賈が著したとされる『新語』の真偽問題に焦点を当て、緻密な考証のもとに真実を追究する一書。付節では班彪『後伝』・蔡邕『独断』・漢代対策文書について述べる。

▼270頁／定価3150円

30 中国革命と日本・アジア

寺廣映雄著　前著『中国革命の史的展開』に続く第二論文集。全体は三部構成で、辛亥革命と孫文、西安事変と朝鮮独立運動、近代日本とアジアについて、著者独自の視点で分かりやすく俯瞰する。

▼250頁／定価3150円

31 老子の人と思想　楠山春樹著

『史記』老子伝をはじめとして、郭店本『老子』を比較検討しつつ、人間老子と書物『老子』を総括する。

▼200頁／定価2625円

32 中国砲艦『中山艦』の生涯

横山宏章著　長崎で誕生した中山艦の数奇な運命が、中国の激しく動いた歴史そのものを映し出す。

▼260頁／定価3150円

33 中国のアルバ―系譜の詩学

川合康三著　「作品を系譜のなかに置いてみると、よりよく理解できるように思われます」（あとがきより）。壮大な文学空間をいかに把握するかに挑む著者の意欲作六篇。

▼250頁／定価3150円

34 明治の碩学　三浦　叶著

著者が直接・間接に取材した明治文人の人となり、作品等についての聞き書きをまとめた一冊。今日では得難い明治詩話の数々である。

▼380頁／定価4515円

35 明代長城の群像　川越泰博著

明代の万里の長城は、中国とモンゴルを隔てる分水嶺であると同時に、内と外とを繋ぐアリーナ（舞台）でもあった。そこを往来する人々を描くことによって異民族・異文化の諸相を解明しようとする。

▼240頁／定価3150円

36 宋代庶民の女たち　柳田節子著

「宋代女子の財産権」からスタートした著者の女性史研究をたどり、その視点をあらためて問う。女性史研究の草分けによる記念碑的論集。

▼240頁／定価3150円

37 鄭氏台湾史―鄭成功三代の興亡実紀

林田芳雄著　日中混血の快男子鄭成功三代の史実―明末には忠臣・豪傑と崇められ、清代には海寇・逆賊と貶され、民国以降は民族の英雄と祭り上げられ、二三年間の台湾王国を築いた波瀾万丈の物語を一次史料をもとに台湾史の視点より描き出す。

▼330頁／定価3990円

38 中国民主化運動の歩み

――「党の指導」に抗して――

平野　正著　本書は、中国の民主化運動の過程を「党の指導」との関係で明らかにしたもので、解放直前から八〇年代までの中共の「指導」に対抗する人民大衆の民主化運動を実証的に明らかにし、加えて「中国社会主義」の特徴を概括的に論ずる。

▼264頁／定価3150円

39

中国の文章——ジャンルによる文学史

褚斌杰著／福井佳夫訳　中国における文学の種類・形態・様式である「ジャンル」の特徴を、各時代の作品に具体例をとり詳細に解説する。本書は褚斌杰著『中国古代文体概論』の日本語訳である。

▼340頁／定価4200円

40

図説中国印刷史

米山寅太郎著

静嘉堂文庫文庫長である著者が、静嘉堂文庫に蔵される貴重書を主として日本国内のみならずイギリス・中国・台湾など各地から善本の図版を集め、「見て知る中国印刷の歴史」を実現させたものである。印刷技術の発達とともに世に現れた書誌学上の用語についても言及する。

▼カラー8頁／320頁／定価3675円

41

東方文化事業の歴史

——昭和前期における日中文化交流——

山根幸夫著　義和団賠償金を基金として始められた一連の事業は、高い理想を歌いながら、実態は日本の国力を反映した「対支」というおかしなものからスタートしているのであった。著者独自の切り口で迫る。

▼260頁／定価3150円